중국의 민낯

| 신동윤 지음 |

어문학사

책머리에

19세기 이전까지 중국은 아시아의 강대국이었다. 아니, 유럽이 산업혁명으로 부강해지기 이전까지 중국은 과학과 문화, 군사력까지 모든 방면에서 세계 제일의 강대국이었다. 비록 아편전쟁 이후 침체를 면치 못했었지만, 이제 중국은 개혁개방이라는 날개를 달고 다시 화려하게 부활하고 있다. '연평균 경제성장률 8%', '2020년 미국의 GDP 추월' 등 언론을 통해 보도되는 중국의 미래는 밝아 보인다. 이미 세계 100대 기업이 중국시장에 진출해있으며 우리도 중국의 변화에 주의를 기울여야 할 만큼 중국의 위상은 날로 커지고 있다.

중국은 우리의 제1위 교역대상국이다. 우리도 중국의 제3위 교역대상국의 지위를 차지하는 만큼 양국의 경제적 관계는 상당히 밀접하다. 더욱이 수교 22년 만에 '한·중 FTA'가 성사되면서 양국 간의 경제적 관계는 더욱 밀접해지고 있다. 중국과의 경제적 관계가 증진되면서 정치적으로는 상호 적대국에서 라오펑여우老朋友: 오랜 친구의 관계로까지 발전할 수 있었지만, 깊어져 가는 관계만큼 우리는 중국에 대해 얼마나 알고 있을까? 역사적으로나 지리적으로 밀접하다는 이유만으로 우리는 다른 누구보다 중국을 잘 알고 있다고 생각한다. 그러나 혹시 단편적이거나 그릇된 정보만으로 중국을 판단하고 있는 것은 아닐까? 중국에 대한 정보는 늘어가고 있지만, 중국에 대해 오해하거나 편견을 갖는 사례는 상당하다. 더욱이 이러한 상황을 대수롭지 않게 여기기도 하는데, 이러한 것도 분명 문제가 있다.

그동안 우리는 중국에 대한 다양한 담론을 형성해왔지만 중국의 '부상浮上'이나 몰락과 같은 극단적인 이야기들에 흥미를 가졌던 것이 사실이다. 특히 중국사회에 관한 정보들은 너무나도 부정적이었다. 성장우선주의에 치우쳐 있기 때문에 현대 중국사회에는 여러 모순과 갈등이 충돌하고 있다. 그러나 이에 대한 중국의 노력과 대응도 함께 진보해왔고, 자신들만의 원칙과 목표 속에서 끊임없이 발전을 이루어 나가고 있다. 그래서 우리와 정치·사회체제가 다르다는 생각과 중국에 대한 깊이 없는 판단으로 생긴 잘못된 오해와 편견을 경계해야 한다. 중국을 얼마나 많이 알고 있느냐보다는 얼마나 정확하게 알고 있느냐가 더 중요한 이유가 바로 여기에 있다.

이 책은 중국의 다양한 사회 현상에 대한 깊이 있는 담론이 부족하다는 것에 착안해 집필이 시작되었다. 책에 담긴 각 주제는 독자들이 한 번쯤은 들어봤지만, 정확히 이해

하지 못했던 내용을 풀어내고 있다. 최근 이슈가 되고 있는 중국사회의 여러 현상을 주제별로 서술했기 때문에 때로는 중국이 감추고 싶어 했던 민낯을 들춰내야 하는 작업이기도 했다. 그러나 '중국의 민낯'이라는 책 제목이 중국의 치부를 들춰내며 독자들에게 카타르시스를 선사하는 것을 의미하진 않는다. 오히려 이 책을 통해 우리가 오해나 편견을 가졌던 주제들을 풀어내며 중국사회를 좀 더 깊이 있게 이해했으면 하는 바람이다. 따라서 본문을 서술하는 데 있어 저자 개인의 경험이나 감성은 최대한 배제하고자 주의를 기울였다. 이는 저자의 사견이 주제의 핵심을 흐릴 수 있기 때문이다. 본문을 서술하면서도 역사적·사회학적 접근을 통해 객관성을 유지하고자 했다.

중국사회에 대한 다양한 주제들을 쉽게 풀어보고자 노력을 기울였으나 아직도 부족한 부분이 많다. 특히 하루만 지나도 어제와 다른 것이 오늘의 중국이기에 책이 나온 후에는 또 어떤 변화가 생길지도 모른다. 이는 차후의 연구와 노력을 통해 보완할 것을 약속드리며 중국사회에 관심이 많으신 분들에게 이 책이 조금이나마 도움이 됐으면 하는 바람을 가져본다. 끝으로 저자의 졸고에 관심과 지원을 아끼지 않으신 도서출판 어문학사에도 깊은 감사의 말씀을 전해 드린다.

저자 신동윤

| 차례 |

책머리에   **03**

01

신흥 계층의 등장
―――11

사회주의식 계층구조의 형성   **16**
자본주의식 계층 분화의 시작   **20**
개혁개방 이후 등장한 신흥 계층   **25**
신흥부유층의 형성 과정   **36**
사회계층의 세습화   **41**
기타 알아두기   **45**

02

21세기에 부활한 공자
―――47

공자가 죽어야 공산당이 산다   **48**
공자가 살아야 공산당이 산다   **51**
왜 공자인가?   **54**
공자 띄우기   **59**
공자의 부활과 중국의 고민   **62**

03

중국의 입시전쟁
―――65

입시제도의 역사   **67**
문화대혁명 시기   **69**
문화대혁명 이후   **71**
가오카오高考   **73**

04

외모 지상주의 사회
87

중국의 시대별 미의 기준　**89**

외모 지상주의 시대　**92**

미녀 찾기 열풍　**97**

외모 지상주의의 폐해　**101**

05

욕망과 혼돈의 부동산 시장 — 105

토지공유제 시대　**107**

토지사용권 조정　**109**

부동산의 상품화　**111**

부동산 시장 과열 현상　**114**

부동산 시장 과열의 원인　**122**

집의 노예, 달팽이 집 그리고 개미족　**127**

유령 도시鬼城　**131**

향후 부동산 시장 전망　**133**

06

행복한 결혼의 조건 — 135

개혁개방 이전의 결혼　**137**

개혁개방 이후의 결혼　**140**

중국의 결혼 문화　**142**

결혼의 조건　**155**

부자 맞선 대회　**157**

신부 찾아 3만 리　**159**

행복한 결혼의 조건이란?　**161**

07

되살아나는
홍색 열풍 ——— 163

홍색 관광 열풍　　**165**

홍색 창조경제　　**168**

신이 된 남자　　**172**

홍색 정치　　**174**

홍색 열풍이 부는 이유　　**176**

마오쩌둥이 옳았다면　　**180**

08

여권 향상과
남녀평등의 현주소
——— 183

남녀평등의 역사　　**185**

여성상의 변화　　**192**

남성상의 변화　　**194**

여성을 위한 정책　　**197**

개혁개방 이후의 남녀평등　　**201**

남녀평등의 현주소　　**203**

09

변화하는 중국인의
性 인식 ——— 207

개방의 시대　　**208**

속박의 시대　　**213**

풋 페티시즘의 시대　　**217**

통제의 시대　　**220**

해방의 시대　　**224**

혼돈의 시대　　**228**

성매매와 성병　　**234**

니싱푸마? 你性福嗎?　　**237**

10

효도하는 사회 ——— 239

전통적인 중국의 효 사상 **242**

효 문화 소멸의 시기 **246**

효 문화의 부활과 중국의 고민 **249**

효도법 발효 **253**

대리효도를 한다고? **257**

효에 대한 중국인들의 인식 **259**

현대 중국의 효자들 **261**

효도의 현대적 이해 **266**

11

미꾸라지도 물고기다 ——— 267

농민, 토지를 떠나다 **270**

도시의 신흥 빈곤층 **274**

농민공의 도시 융합 **280**

농민공은 도시민이 될 수 있는가? **283**

농민의 또 다른 초상 철새 걸인 **287**

신흥 계층의 등장

오늘 우리가 살고 있는 세상은 산업혁명을 통해 탄생되었다. 18세기 후반 영국에서 시작된 산업혁명은 인류의 경제와 사회구조에 혁신적인 변화를 가져왔다. 산업혁명을 계기로 유럽은 농경사회에서 산업사회로의 전환이 가능했고 봉건사회라는 긴 터널을 빠져나와 부국강병의 꿈을 이룰 수 있었다. 하지만 전통적인 계층구조를 뒤흔드는 결과도 가져왔다. 18세기 이전 유럽은 농업을 중심으로 돌아갔고, 정치와 사회는 소수의 귀족들에 의해 움직이고 있었다. 그러나 산업혁명 이후에 생산방식이 변화됨에 따라 사회의 구조도 함께 변화될 수밖에 없었다. 가장 큰 변화는 공장이 늘어나면서 자본가와 노동자라는 새로운 계급이 등장한 것이다. 인구의 다수를 차지하던 농민은 도시 노동자로 전환되었고 이들을 고용해 이윤을 추구하는 자

본가가 등장하면서 유럽사회에는 새로운 계층구조가 형성
되기 시작했다.

　유럽사회가 상공업의 발전과 함께 농업국가에서 산업국
가로 전환하면서 귀족과 평민, 하층민으로 구분되던 계층구
조는 자본과 재산의 소유권을 기본으로 하는 고용제 사회로
전환되었다.[1] 즉, 전통적인 귀족과 평민의 신분제도에서 고
용주와 피고용자 신분이라는 새로운 세급사회로 변화한 것
이다. 한편으로 산업화는 자본가라는 부르주아와 임금노동
자인 프롤레타리아라는 양대 계급의 형성과 대립을 의미했
다. 산업화 과정에서 등장하는 여러 모순과 갈등은 대부분
이 열악한 노동 조건과 노동자의 빈곤 현상이었고 이는 자

---

[1] 계급과 계층에 대한 구분은 학자마다 조금씩 해석이 다르다. 마르크스의 관점
에서 계급은 생산관계에 기초한 상대적 갈등 관계를 의미한다. 생산수단의 소
유 여부에 따라 자본가와 노동자로 나누어지는 것이 마르크스의 관점이라면
계층은 경제적이나 사회적 지위 등 다양한 요인에 의해 상류층과 중류층, 하류
층으로 나누어지는 막스 베버의 관점으로 이해를 한다. 서구의 학자들은 class
라는 용어로 계급과 계층의 의미를 포괄적으로 사용한다. 본문에서는 현대적
의미의 계층구조를 말하고 있기 때문에 제목을 계층이라고 표기했지만, 내용
에 따라 계급이라는 용어도 함께 사용한다.

생산수단을 장악
권력과 부를 소유함.

자본가

생산수단이 없음.
경제적으로 빈곤함.

노동자

계급의 구분

칼 마르크스

상류층

중류층

하류층

권 계
지 력 급
위

계층의 구분

막스 베버

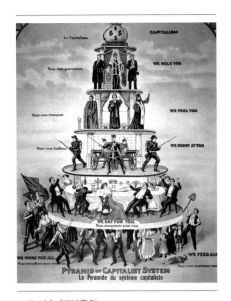

● 1911년 '자본주의 체제의 피라미드'라는 이름으로 게재된 세계 노동자 연맹의 포스터. 사회계층의 맨 아래에는 착취당하는 노동자가 있고, 그 위에는 그들의 희생으로 놀고 먹는 부르주아와 이를 방관하는 성직자, 권력가 등이 그려져 있다. 맨 상단으로 보면 이것이 자본이라는 이름으로 형성된 구조임을 알 수 있다.

본가와 노동자가 서로 대립하는 원인이었다.

마르크스Marx, Karl Heinrich는 생산수단의 소유 여부에 의해 계급관계가 형성된다고 믿었다. 생산수단(도구, 기계, 자본, 토지, 자원 등)을 가지지 못한 사람들은 가진 사람들에 의해 노동자로 전락하게 되고 생산수단을 소유한 자가 지배하고 착취하는 입장에 서게 된다는 것이었다. 생산수단을 소유한 자본가는 노동을 하지 않고도 자본을 독식하기 때문에 자본주의가 발전할수록 자본가와 노동자 간의 갈등은 더 심화된다는 이론이었다. 마르크스는 자본주의 사회 불평등의 원인이 바로 여기에 있다고 보았다. 마르크스는 자본가 계급이 완전히 사라져야만 노동자 계급이 진정한 해방을 얻을 수 있다고 생각했다. 착취당하는 노동자가 자본가와 그들을 감싸는 지배계급에 맞서 싸워 모든 사람이 부를 나누어 가질 수 있는 국가를 건설해야 한다고 주장한 것이다. 마르크스는 자신의 저서 『자본론』을 통해 노동자 혁명으로 모든 것이 상품화되는 자본주의 사회가 막을 내리면 계급도 차별도 없는 행복한 사회가 만들어질 것이라

고 보았다. 그가 이상향으로 생각했던 사회는 모든 재산과
생산수단을 노동자가 공동 소유하고 이윤을 골고루 나눠 갖
는 공산주의 사회였다.[2]

　마르크스의 공산주의 이론은 당대 많은 사상가와 노동
자들에게 영향을 주었다. 사회 모순에 불만을 품고 있던 사
람들은 마르크스의 주장에 힘을 얻고 세계 곳곳에서 공산주
의 혁명을 시도했다. 결국 러시아는 마르크스의 이론을 바
탕으로 세계 최초의 사회주의 국가인 소비에트연방공화국소
련을 건국했고, 이후 한국, 중국, 쿠바, 베트남 등 주변 국가
들에게까지 영향을 미쳤다. 소련의 영향을 받은 중국의 혁
명가들도 내부 투쟁을 통해 결국 사회주의 국가 건설에 성
공한다. 마오쩌둥毛澤東과 그를 비롯한 중국의 공산주의자들
은 1949년 중화인민공화국을 건국한 이후 중국사회에 남아
있던 구시대적 계급체계를 차례로 타파해 나갔다. 마오쩌둥
은 마르크스의 생산수단 이론에 근거해 산업시설과 토지 등
자본가와 지주의 소유권을 박탈하였다. 이로써 중국에는 새
로운 사회주의식 계층구조가 형성되었다.

---

2 사회주의와 공산주의의 개념은 다소 복잡하다. 마르크스는 자본가와의 타협을
통해 사회를 점진적으로 고쳐 나가자는 당시 사회주의 혁명가들과 자신을 구
별하기 위해 '혁명적 사회주의'라는 의미로 '공산주의'라는 용어를 만들었다.
현대에서는 완벽한 공유제 사회인 공산주의의 전 단계를 사회주의라고 구분
짓고 있다. 즉, 자본주의에서 공산주의로 전환되는 과도기적 단계인 시장경제
와 공유경제가 공존하는 과정을 사회주의라 하고 과도기가 끝난 완벽한 공유
제 사회를 공산주의라고 한다.

● 계획경제 시기 농업 생산력을 독려하기 위해 만들어진 선전 포스터

사회주의식 계층구조의 형성 ─────────

　　신중국 건국 이후 중국의 계층구조는 노동자와 농민, 당 간부 및 지식인층으로 나뉘는 매우 단순한 구조로 전환되기 시작했다. 중국공산당은 사회주의 국가 건설을 위해 중국사회에 남아 있던 구시대적 요소인 자본가, 지주, 부농 등을 소멸시켜야 한다고 주장했다. 중국공산당은 권력을 잡은 지 불과 3개월 만에 전면적인 지주소멸과 토지개혁에 착수했다. 토지개혁 운동은 농촌 경제를 장악하고 있던 지주들의 몰락으로 이어졌고, 이들에게서 몰수한 토지는 빈농들에게 균등하게 분배됐다. 이후 대약진 운동 기간에는 인민공사 설립과 함께 토지가 전민소유제(인민 전체)와 집체소유제(단체)로 전환되었고, 도시에서도 자본가들이 소유했던 기업을 국영제로 전환하면서 중국에서는 경제적인 의미의 계층구조가 사라지게 되었다. 개인이 생산물에 대한 독점권을 행사할 수도 없었고 재산 축적도 불가능한 사회로 진입하면서 사실상 소득 상의 계층구조는 거의 사라지게 된 것이다. 농민이나 도시주민은 거주지를 이전하거나 직업을 선택할 자유는 박탈당했지만, 인민공사와 단위라는 조직을 통해 균등한 수준의 배급을 제공받을 수 있었다. 사회경제적 자원은 중앙의 계획에 의해 배분되었고 사회구성원 간의 분배에는 큰 격차가 없었다. 소득 상의 격차가 사라지니 이에 따른 사회 불만도 사라지게 되었다.

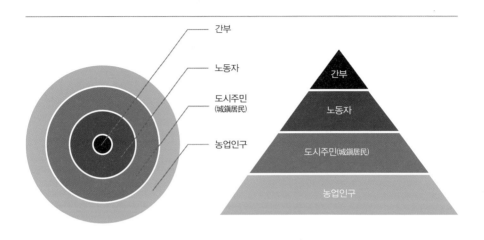

계획경제 시기 중국사회의 신분지위와 계층도

그렇다면 당시 중국은 '완전 평등'한 사회로 진입한 것일까? 사실 그렇지 않다고 볼 수 있다. 당시 중국사회에도 신분 지위는 존재했다. 도시에는 간부와 노동자라는 사회적 신분이 있었고, 농촌도 간부와 농민이라는 사회적 신분이 존재했다. 이 두 가지 신분에 따라 호봉, 업무상 혜택, 주택 조건, 의료 혜택, 연금 등의 복지 혜택에서 차이점이 있었다. 좋은 혜택을 받기 위해서는 간부가 되어야 했고 간부가 되기 위해서는 대학에 진학하거나 공산당에 입당해야 했다. 당시에는 간부를 30개 직급으로 나누고 각 직급에 대한 임금 표준을 지정했다. 계획경제라는 체제하에서 발생한 이익을 사용할 권리는 사회적 지위와 신분에 의거하여 나뉘게 되며, 사회적 지위 안에서 자원이 배분되었다. 그러나 이러한 신분적 차이에도 불구하고 1970년대까지 중국의 지니계

수Gini's coefficient는 0.20에 불과했다. 사회적 계층 간의 소득이나 혜택 상에 차이가 있다고 할지라도 평등주의라는 이념 하에서는 상하 간의 소득격차가 크지 않았기 때문이다. 직장이나 사회적 지위에 따라 제공되는 수준에 차이가 있다고 할지라도 경제적 격차를 발생시킬 만큼의 수준은 아니었다. 따라서 이러한 제도가 사회갈등을 초래할 만큼의 문제를 만들지는 못했다.

그러나 문제는 한번 결정된 계층구조는 제도적 장벽에 의해 쉽게 바뀌지 않았다는 점이다. 가장 대표적인 것이 호구제도戶口制度다. 호구제도가 1958년에 등장한 이후 도시와 농촌은 거의 독립된 세계처럼 양분화됐다. 호구제도는 중국 국민을 농업 호구와 비농업 호구로 나누어 구분했으며 한번 결정된 호구를 변경하는 것은 매우 어려웠다. 일부 대학 진학이나 입대와 같은 특수한 경우를 제외하고 농민이 도시민으로 전환되는 경우는 거의 없었다. 이 제도적 장치에 의해 농민들의 신분 이동은 불가능해졌다. 농민 부모에게서 태어난 자녀들은 농민이 되었고, 도시에서 태어나면 노동자가 되었다. 개혁개방 이전까지 농민이 도시주민으로 전환된 사례는 연간 1.5%에 불과할 정도로 도시와 농촌 간 계층 이동은 거의 불가능했다.

또 다른 문제는 출신 성분이나 혈통이라는 선천적인 요인이 신분 지위를 결정지었다는 점이다. 지주나 부농, 친일

파, 자본가 출신의 가족들은 적대 계급으로 간주되어 불이
익을 받았다. 본인의 능력이나 의지와는 관계없이 좋은 직
종이나 각종 혜택에서는 배제되었고 불이익을 감수해야 했
다. 반면 빈농이나 노동자, 혁명 열사의 가족들은 특권계급
으로 여겨져 모든 부분에서 우선순위에 놓였다. 문화대혁
명 시기 마오쩌둥은 "근홍묘정根紅苗正: 뿌리가 붉으면 싹도 바르다"이
라는 논리로 출신 성분에 따른 차별을 당연시했다. '근홍'
은 노동자와 농민, 혁명열사와 같이 출신 성분이 좋은 사람
을 의미했고, '묘정'은 신중국 건국 이후에 태어나 사회주의
국가 시대에 성장한 세대들을 일컬었다. 따라서 근홍묘정이
라 함은 출신 성분과 성장 배경이 좋은 사람을 말했다. 만
약 3대에 걸쳐 농민이나 노동자 계급이었다면 출신 성분이
가장 좋은 것으로 간주되어 국가의 중요 사업에 우선 배치
될 수 있었다. 평등사회 구현을 외쳤지만, 실질적으로는 출
신 성분이나 혈통이라는 선천적인 요인이 신분과 지위를 결
정짓게 한 것이다. 즉, 경제적 의미에서의 계층구조는 사라
졌지만 사회·정치적 의미에서의 계층구조는 존재했다. 이
러한 제도는 1950년대에 형성된 이래 개혁개방 이전까지 중
국사회를 지탱하는 가장 기본적인 계층구조였다.

자본주의식 계층 분화의 시작 ─────

1978년 개혁개방 정책이 실시되면서 오랫동안 중국사회를 지배했던 사회주의식 계층구조는 해체의 징조를 보이기 시작했다. 덩샤오핑鄧小平이 주창한 '선부론先富論'은 '평등주의'를 부정하는 것으로 부富에 따른 새로운 계층구조가 형성될 수 있음을 예고하는 것이있다. 사회주의식 계획경제를 정착시킨 이후 중국의 경제 상황은 줄곧 침체를 면치 못했다. 농업과 공업의 생산성은 지속적으로 하락했고 정부의 재정 적자는 매년 늘어만 갔다. 이에 덩샤오핑을 비롯한 정치 지도자들은 인간의 경쟁 심리가 배제된 평등주의식 경제 발전은 실패했다는 인식에 도달하게 된다.

마오쩌둥 시기 시행되었던 통포통배統包統配 정책[3]은 모든 사람들에게 일자리를 제공했다는 점에서는 긍정적이었지만, 평등주의에 치우쳐 생산력이 저하되는 경영효율성에 심각한 문제성을 드러냈다. 아울러 근로자들에게 제공하던 전반적인 복지 혜택을 국영기업[4]에게만 떠맡김으로써 기업은 커다란 부담을 안고 있었다. 계획경제 시기 중국은 평등

---

3 일종의 일률적 일자리 배치제도다. 계획경제에서의 고용형태는 국가에 의해 일자리의 배분과 배치가 결정됐다. 국영기업은 근로자를 선발할 권한이 없었고 배정된 근로자에게는 종신고용과 함께 각종 복지 혜택을 제공해야 했다.

4 국영기업(國營企業)은 국가가 기업의 소유권과 함께 경영권도 행사할 수 있는 형태의 기업을 말한다. 기업의 소유권과 경영권을 분리하여 경영자 주권을 보장한 1987년 이후에는 국가가 경영이나 고용에는 관여하지 않고 소유권만 가지고 있다고 하여 국유기업(國有企業)이라 부르기 시작했다.

주의와 복지사회라는 사회주의 국가로서의 입지는 다질 수
있었지만, 대부분의 국영기업들은 심각한 적자와 함께 파산
상태에 놓여 있었다. 더군다나 근로자들의 생산 의욕은 매
우 저하되어 있었다. 절대 평등주의를 강조한 나머지 업무
성과에 따른 포상도 없었고 개인의 능력이나 재능과는 상관
없이 일자리 배치가 이루어졌기 때문이었다. 이러한 요인들
이 중국사회 전체의 생산성과 효율성을 떨어트리고 있었다.

　덩샤오핑은 계획경제를 시장경제 체제로 전환하면서 기
업의 부담은 경감시키고 개인의 경쟁력을 끌어올리는 방향
으로 개혁을 진행했다. 개혁의 기본 방향은 계획경제의 메
커니즘에 자본주의적 요소를 도입하는 것이었다. 중국 정부
는 정치와 기업을 분리시켜 국영기업의 경영자주권을 보장
해주었다. 국영기업이 경영자주권을 보장받았다는 것은 곧
효율성의 증대를 의미했다. 기업의 경영 상황이나 근로자의
업무 성과와는 관계없이 무조건적으로 보장하던 종신고용
제와 복지 혜택은 기업의 경쟁력을 약화시키는 주요 요인이
되어 왔다. 이에 따라 1986년부터는 기업과 근로자의 관계
를 재정립하는 노동계약제가 도입되었다. 노동계약제에 따
라 기업은 신규 노동력을 채용할 때 계약 기간이나 노동 조
건, 업무 성과 등을 정할 수 있게 되었고 업무 성과가 만족
스럽지 못할 경우에는 재계약 거부나 해고를 할 수 있게 되
었다.

기업에게는 효율성이 인정됐지만, 근로자들의 일자리는 불안정해지기 시작했다. 중국 정부가 국유부문의 민간 이양이라는 구조조정을 시작하면서 1997년 도시에서만 571만 명의 인원이 감원되었다. 계획경제 시대에 양성된 과잉 노동력이 감원되면서 대량의 실업자들이 일시에 쏟아져 나오는 문제가 발생했다. 국유기업의 구조조정은 비록 대량의 실업자를 양산했지만, 한편으로는 새로운 사회계층의 등장을 알리는 신호탄이기도 했다. 국유기업이 주도하던 고용구조가 사영기업이나 외자기업, 개체호個體戶: 소규모 자영업와 같이 다양한 일자리로 분산되면서 직위나 소득을 바탕으로 하는 계층 분화 현상이 나타나기 시작한 것이다.

농촌 지역에서도 경작권과 소유권에 대한 변화가 나타

● 90년대부터 구조조정이 시작되면서 대량의 실업자들이 등장했다.

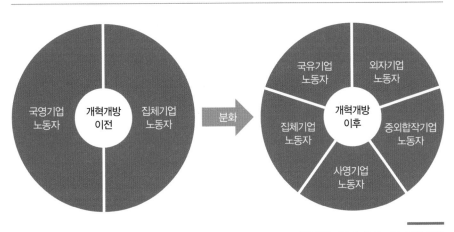

개혁개방 이후 노동자 계층 분화 형태

나면서 다양한 계층이 등장했다. 1980년대 초반부터는 집단
농업을 주도하던 인민공사가 해체되면서 인민공사가 소유
했던 토지를 농민에게 분배하였다. 인민공사는 농업의 집단
화를 통해 생산력을 증대시키겠다는 목표를 갖고 있었으나
생산물에 대한 소유권을 인정하지 않아 농민들의 생산 의욕
을 떨어트려 왔다.

중국 정부는 개혁개방 이후 인민공사를 해체하고 농민
과 임대계약을 맺음으로써 농민이 자율적으로 경작할 권리
와 초과 생산물에 대한 소유권을 인정해 주었다. 사유화를
인정하는 농업 부문의 개혁은 노동과 토지 생산성을 향상시
켜 농업 생산량과 농가 소득 증대를 가져왔다. 농업의 개인
화와 함께 농촌에는 집체기업이나 합작기업, 사영기업, 개
체호 등 다양한 향진기업鄕鎭企業: 농촌기업이 육성되기 시작했

다. 비농업 부문의 발전은 농촌 경제 발전에 상당한 기여를
했다. 1991년에만 농촌 노동력의 22%가 넘는 9,600만 명이
향진기업에 종사했다. 농민들의 소득원도 농업(2.3%)보다
는 비농업 부문(43%)에서 증가해 농촌사회의 직업 및 소득
구조를 변화시켰다. 한편으로 비농업 부문의 발전은 농민
들이 토지 경작 위주에서 탈피하여 농업 이외의 산업에 종
사하도록 하는 동기 부여의 요인으로 작용했다. 농촌 공업
이 발전한 지역의 농민들은 향진기업에 흡수되어 농외 소득
을 올릴 수 있었지만, 낙후한 지역의 농민들은 일자리를 찾
아 도시로 이동하고자 했다. 농촌사회의 계층 분화는 농민
간의 소득격차와 지역 간 발전격차에서 야기된 것으로 농촌
인구가 도시로 이동하는 배경이 되었고 농촌사회에 부의 불
균형 현상을 초래했다.

    이처럼 시장경제를 도입하면서 중국사회에 등장한 가장
큰 변화는 바로 계층 분화 현상이었다. 사회구성원들의 경
제활동이 보장되면서 노동자, 농민, 당 간부 및 지식인층으
로 구성되어 있던 단순한 계층구조는 시장관계를 중심으로
하는 현대적 의미의 계층구조로 전환되었다. 사영기업이나

개혁개방 이후 농민의 계층 분화 형태

외자기업과 같이 다양한 기업형태가 발전하면서 고소득, 고소비, 고학력을 지닌 화이트칼라 계층이 등장했고, 3차 산업이 발달하면서 신란링新藍領: 네오 블루칼라이라는 새로운 사회 계층도 생겨났다. 마오쩌둥 시기 박해 받았던 지식인들의 사회적 지위도 개선되면서 전문 영역에서의 고소득 계층으로 자리 잡았다. 또한 개체호나 사영기업이 활성화되면서 계획경제 시대에는 상상할 수도 없던 신흥부유층도 등장했다. 반면, 농민들의 사회·경제적 지위는 지속적으로 추락하며 중국사회의 저소득 계층으로 전락했다. 중국 경제가 다원화되면서 개인의 능력이나 노력에 의해 부유해질 수 있는 기회가 생겨났지만, 한편으로는 사회·경제적 불평등과 같은 양극화 문제도 심각해지고 있다.

개혁개방 이후 등장한 신흥 계층 ─────

농민공

농민공農民工이란 '농촌 출신 도시 근로자'를 말한다. 중국에는 아직까지 계획경제 시대의 잔재인 '호구제도'가 존재한다. 따라서 농업을 포기하고 도시의 2차, 3차 산업에 종사하더라도 신분상으로는 여전히 이들을 농민으로 구분한

● 1980년대 도시로 가기 위해 기차에 올라타는 농민들. 이들이 도시로 몰려드는 현상이 마치 파도와 같다 하여 민공조(民工潮)라 했다.

다. 그래서 사실 농민공이라는 호칭은 농민도 노동자도 아닌 매우 애매한 표현이라고 할 수 있다. 농민공 현상은 오랫동안 농촌 지역에 잠재되어 있던 잉여 노동력이 개혁개방 이후 농촌에서 도시로 일자리를 찾아 이동하는 과정에서 등장했다.

　개혁개방은 중국 경제의 중심을 농업에서 공업으로 빠르게 전환시켰다. 그 덕에 도시의 2차, 3차 산업이 성장하면서 일자리를 만들어 냈지만, 도시의 노동력 공급에는 한계가 있었다. 반면, 농촌 지역에는 과잉 노동력으로 인한 음성적인 실업자들이 오랫동안 누적되어 있었다. 도시의 노동력 부족과 농촌의 노동력 과잉 현상은 당연한 듯 농촌 노동력의 도시 이동을 촉진시켰다. 그러나 초기의 농민 이동 현상은 모두 불법으로 간주되었기에 합법적인 체류를 할 수 없었다. 거주 이전의 자유를 가로막고 있는 호구제도가 존재했기 때문이다. 그럼에도 불구하고 일자리를 찾아오는 농민의 수가 증가하자 중국 정부는 90년대부터 농민의 도시 이주 제한을 완화했다. 노동력에 대한 체계적인 관리와 수요를 감안해야 했기 때문이었다. 그러나 호구제도가 완전히 폐지되지 않았기 때문에 이들에게는 임시로 거주할 수 있는 자격만 부여해 주었다. 이것이 '임시 거주증暫住證' 제도다. 임시 거주증을 발급받으면 합법적인 취업이 가능하지만 일정 기간 이후에는 다시 갱신하거나 고향으로 되돌아가야 한다. 일종의 비자와 같은 역할을 한다. 장기적인 체류가 어렵기 때문에 농민공은 임시 노동력으로 간주되어 정규직에 취업하기가 매우 어렵다. 그래서 이들은 주로 도시의 건축, 운송, 소매, 제조, 서비스업 등 저소득 업종에 종사하고 있다. 농민공 중에는 자영업과 같은 소규모 사업으로 성공한 사람들도 있지만, 극소수에 불과하다.

따라서 소득 측면에서 보면 농민공은 도시의 저소득 계층이다. 이들의 임금은 도시 근로자 임금의 절반에도 미치지 못한다. 농민공의 소득이 낮은 이유는 농촌 노동력이 매우 저평가되어 있기 때문이다. 이는 호구제도와 같은 제도적 장치가 만들어낸 결과이기도 하다. 중국 정부의 통계를 보면 개혁개방 이전부터 도시와 농촌 간의 소득격차는 줄곧 3배 이상 차이가 난다. 도시 호구가 없는 저소득 지역 출신에게 낮은 임금을 지급했던 것이 관행처럼 여겨졌고 노동력의 수요와 공급이라는 측면에서 공급이 훨씬 많았기 때문이기도 하다. 일부에서는 농촌 출신들의 수준이 도시 경

쟁력에 뒤처지기 때문이라고 하지만 도-농 간의 불평등 구
조가 취업 환경이나 교육 기회를 박탈하고 있기에 근본적인
문제는 제도적인 측면이 더 강하다고 할 수 있다. 이 같은
원인으로 인해 도시 빈민의 상당수는 농민공이 차지하고 있
고 도시에서의 사회적 지위도 매우 낮다. 중국통계국에 따
르면 2013년 중국의 농민공은 총 2억 6천만 명으로 전체 인
구의 17%에 날한다.

신란링 : 네오블루 칼라

농민공과 같이 육체노동자를 의미하는 블루칼라藍領: 란링
에서 파생한 것이 신란링新藍領이다. 신란링은 사무직과 같
은 화이트칼라는 아니지만, 완전한 육체노동자도 아닌 중

● 미용사나 운전기
사, 배달원 등을
신란링으로 구분
한다.

간 계층을 의미한다. 계획경제 시대에는 없었던 계층으로 개혁개방 이후 3차 산업이 발전하면서 등장했다. 신란링 대부분은 농민공 2세거나 농촌 출신이다. 부모가 농민인 경우가 42%일 정도로 상당수가 농촌과 밀접하다. 그래서 가족의 경제적 지원을 기대하기 어렵고 고등교육을 받은 비율도 매우 낮다. 〈2013년 도시 신란링 생존 보고_{2013都市新藍領生存報告}〉에서는 판매원, 부동산중개인, 안마사, 요리사, 미용사, 운전사, 보안요원, 가정도우미, 배달원 등을 신란링으로 구분한다고 명시했다. 전문대 이상의 학력이 있는 신란링은 전체의 30%를 차지한다. 그러나 전체의 32%가 중졸 이하의 학력을 가지고 있어 고소득 직종에 진입하기는 어렵다. 최근에는 취업난이 가중되면서 4년제 대학 출신들도 신란링 계층으로 흡수되고 있어 평균 학력(13%)이 높아지는 추세다.

신란링의 소득은 일반노동자보다 약간 높은 수준이다. 일반노동자의 월평균 소득은 약 2,000위안이지만, 신란링은 평균 3,000위안 이상이다. 그러나 도시 월평균 소득의 절반에 불과해 이들도 도시의 저소득 계층에 속한다고 할 수 있다. 소득은 낮지만 물가가 높은 도시에서 생활해야 하기 때문에 신란링의 약 70% 정도가 소득의 절반 이상을 주택과 식품 구입에 고정 지출하고 있다. 소득 여건상 대도시의 주택을 구매할 여력은 되지 못하기 때문에 임대료가 저렴한 변두리 지역에 주로 거주한다. 소득이 일반노동자보다는 높

다고 할지라도 고용 안정이 보장된 직업이 아니기 때문에
이직률이 높은 계층이기도 하다. 전체의 81%가 1년에 한
번씩 이직을 하고 있을 정도로 이직률이 높다. 이직의 주요
요인은 낮은 소득과 불안정한 미래 전망 때문이다. 통계상
에서도 직업 만족도는 30%에 불과했다.

연도별 중국 국내생산 총액

(단위: %)

연도	1차 산업	2차 산업	3차 산업
1978	28.2	47.9	23.9
1988	25.7	43.8	30.5
1998	17.6	46.2	36.2
2008	10.7	47.4	41.9
2013	10.0	43.9	46.1

최근 중국의 3차 산업이 발전하면서 신란링의 인구도 증
가하고 있지만, 근무 조건은 매우 열악하다. 주당 평균 근
무시간이 40시간 이상인 경우는 전체의 90% 이상이고, 그
중 70시간이 넘는 경우도 21%에 달한다. 그럼에도 불구하
고 고용주와 정식 노동계약서를 체결한 경우는 전체의 43%
에 불과하다. 따라서 50% 이상이 실직이나 상해, 연금과 같
은 사회보장 혜택을 받을 수가 없다. 종합적으로 봤을 때
신란링은 농민공과 함께 사회적 약자 계층에 속한다고 할
수 있다.

바이링 : 화이트칼라

바이링白領으로 불리는 화이트칼라는 대졸 학력 이상의 정신 노동자를 말한다. 전체 바이링의 58%가 4년제 대학을 졸업했고, 18%가 석사 이상일 정도로 바이링의 평균 학력은 높다. 문화대혁명 기간 지식인들은 지주나 부농, 반동 등에 이어 '더럽기로는 9번째臭老九'라고 할 정도로 경멸의 대상이었다. 그러나 현대 중국사회의 지식인들은 자신의 지식과 재능을 바탕으로 고소득 계층으로 진입할 수 있게 되었다. 이들은 개혁개방 이후 중국에 진출한 외자기업에 근무하며 가장 먼저 고소득을 올린 계층이기도 하다. IT나 광고업, 금융업, 컨설팅 등 개혁개방 이후 등장한 직업이나 의사나 변호사, 사무직 등 전통적인 직업군도 바이링에 속한다. 바이링은 신란링보다 소득도 높고 안정적인 직업군에 속한다. 그러나 어떠한 직업이냐에 따라서 바이링 간에도 소득격차가 존재한다. 일반 사무직의 소득은 월평균 5,000위안이지만, 금융이나 광고업 등 전문적인 직업군은 월평균 2만 위안 이상의 소득을 올리고 있다.

바이링은 생활면에서도 비교적 여유로운 모습을 보인다. 휴일에는 문화생활이나 여행을 즐기는 등 휴식을 재충전의 한 방식으로 생각한다. 삶의 질을 중시하기 때문에 자동차 구매에도 관심이 많고 중·고급 제품 소비에도 적극적이다. 한편으로는 주택이나 자동차 구매에 많은 비용을 지

출하기 때문에 팡누房奴; 집의 노예, 처누車奴; 차의 노예, 카누卡奴; 카
드 할부의 노예와 같은 신종어를 만들어 낸 장본인이기도 하다.

　사회나 직장에서의 경쟁이 치열해짐에 따라 업종과 관
련된 자기계발에도 많은 투자를 하고 있다. 퇴근 후 사내
교육 프로그램에 참가하거나 외국어 학원을 다니는 비율이
80%가 넘을 정도로 자기계발에 많은 노력을 기울이는 계층
이기도 하다.

신흥부유층

　중국 신흥부유층들의 공통점은 맨손으로 시작해 부를
이룩했다는 점이다. 평균 400명당 5명만이 유산 상속으로
부를 물려받았을 뿐 거의 대부분은 자수성가형 부자다. 이
들은 개혁개방이 본격화된 80년대 후반 빈손으로 시작해 부
의 기초를 쌓았다. 시기적으로 보면 개혁개방 초기인 80년
대에는 제조업으로 성공을 했고, 90년대에는 부동산으로,
2000년대에는 유통업과 금융업, 벤처 등 다양한 분야에서
부자가 배출되었다. 80년대에 단순 제조업으로 성공했던 부
호들은 90년대를 거쳐 부동산으로 사업 영역을 확대했다.
이후에도 신흥 산업이나 금융업, 서비스업 등 다양한 분야
에 투자하면서 자산을 확대해 나가고 있다. 이들은 중국의
산업구조가 변화되는 것과 발맞추어 빠르게 업종을 전환하
거나 영역을 확대하는 등 정세의 변화를 주목하면서 성장

했다.

신흥부유층의 대부분이 빈손으로 시작했지만, 정치계
와 연관된 인물들이 많아 정치계의 비호 아래 성공한 사례
가 많다. 양회 대표(전국인민대표대회, 전국인민정치협상회의)
의 5,600여 명 중 36명이 중국의 100대 재벌이고, 100억 위
안 이상(약 17조 원)의 재산을 축적한 상위 50명 중 약 30%
가 정치적인 신분을 가지고 있다. 인민대표는 3명, 정치협
상위원은 11명, 당 대표는 3명, 정치협상위원 11명 중 3명
은 정치협상상무위원이다. 정치권의 비호 없이는 안정적으
로 사업을 이끌어가기 어렵고, 정계에 있으면 시장 지배력
을 강화할 수 있다는 특수성이 부호들을 정치계로 끌어들이
고 있다. 그러나 이들이 처음부터 정치적 신분을 가지고 부
호가 된 것은 아니다. 장쩌민江澤民 전 주석이 '3개 대표론'[5]
을 당 헌장에 삽입하기 이전까지 이들은 공산당이 배척해
야 할 자본가 계급일 뿐이었다. 이들이 정계에 모습을 드러
낸 건 '3개 대표론' 이후 자본가들에게 당의 문호를 개방하
면서부터다. 자본가에게도 공산당에 가입할 수 있는 자격이
주어지면서 경제계 인사들의 정치 참여가 연이어 증가하고
있다.

신흥부유층의 특징은 바다와 인접한 연해 지역 출신이

---

5 3개 대표론은 * 선진사회생산력(사영기업가) * 선진문화발전(지식인) * 광대한
인민의 이익을 대표(노동자와 농민)하는 3개 계급의 대표들이 공산당을 구성해
야 한다는 이론이다. 무산계급의 이익을 대표했던 중국공산당이 자본가와 지
식인에게도 당원이 될 수 있는 자격을 부여하면서 경제계 인사들의 정치 참여
가 증가하기 시작했다.

많다는 것이다. 이는 개혁개방이 연해 지역의 경제특구를
중심으로 시작된 것과 관련이 있다. 경제특구로 가장 먼저
선정됐던 선전深圳, 주하이珠海 등 광둥성의 부호들이 상위
136명 중 24명이나 된다. 이외에도 저장성은 23명, 산둥성
은 13명으로 상위권 신흥부유층의 대부분은 연해 지역 출신
들이다. 그러나 최근에는 중서부 지역의 경제도 급격히 성
장해 나가면서 푸젠福建, 후베이湖北, 산시山西 등의 신흥부유
층도 증가하고 있다. 이는 수출 기업들이 주로 포진해 있는
연해 지역의 수출 수요가 급감하고, 인건비 상승 등으로 성
장이 크게 둔화되고 있는 데 반해, 중·서부 지역 경제는 중
국 정부가 지역 간 격차 해소 정책을 추진하면서 경제가 활
성화되었기 때문이다. 연해 지역 기업들도 중·서부 지역으
로 투자를 확대하면서 기회가 늘어나는 것도 중·서부 지역
의 신흥부유층들을 등장시키는 원인이다.

중국에서 부유층의 일반적인 기준은 600만 위안(약 10억

	600만 위안 부호(명)		천만 위안 부호(명)		억만 위안 부호(명)	
1선 도시	1,085,500	39%	420,400	40%	24,500	38%
2선 도시	737,150	26%	299,450	29%	20,040	31%
3선 이하 도시	977,350	35%	330,150	31%	19,960	31%

자료출처: 후룬연구원(胡潤硏究院) 2013.

2013 중국 전체 부호

전년 대비 증가 수

100억 위안	**280**명	20명
20억 위안	**3,000**명	500명
10억 위안	**8,100**명	600명
1억 위안	**64,500**명	1,000명
1,000만 위안	**105**만 명	3만 명
600만 위안	**280**만 명	10만 명

자료출처: 후룬연구원(胡潤研究院) 2013.

원 이상)의 자산을 소유한 사람을 뜻한다. 중국과의 GDP 수
준을 고려하면 우리 돈 약 30억 원 이상의 가치를 가진다고
할 수 있다. 2013년 기준 자산이 10억 위안(약 1,700억 원)
이상의 부호는 8,100명, 100억 위안(약 17조 원)의 자산을
소유한 슈퍼리치는 총 280명이다. 전체적으로 봤을 때 중국
의 부유층은 꾸준히 증가하는 추세다.

신흥부유층의 형성 과정

중국의 신흥부유층들이 부를 쌓게 된 과정은 다음과 같은 몇 가지 유형으로 구분할 수 있다.

● 42살의 나이로 학교 앞 매점을 시작한 와하하 그룹의 중칭허우(宗慶後)는 어린이 식음료 사업의 가능성을 내다보고 회사를 설립해 중국 최대의 부자가 되었다.

개체호형(자영업): 80년대 초반까지 신발 수리를 하거나 가축을 기르던 평범한 사람들이 개인사업가로 변신한 경우다. 이들은 창업 초기 개체호 경제를 부정적으로 보는 시선에서 아랑곳하지 않고 창업이나 무역을 통해 부자가 되었다. 개혁개방 초기 일부 사업가들은 경영이 어려운 국영기업을 정부로부터 인수해 사업을 시작했다. 1980년대 중반 중국 정부는 소규모 국영기업 개혁을 추진하면서 기업을 임차한 경영자가 이익의 일부를 정부에 돌려주는 방식으로 국영기업 민영화를 시작했다. 이때 정부로부터 국영기업을 헐값에 임차한 사업가들이 성공하면서 거부로 부상한 사례가 많았다. 이후 이들은 외국기업과의 합자나 주식회사화를 통해 기업을 성장시켰다. 개체호 경영인들은 사영기업 특유의 사업 수완과 외수시장 활성화로 중국의 대표적인 기업으로 성장할 수 있게 되었다.

- 학원 영어 강사를 하던 마윈(馬雲)은 90년대에 인터넷 비즈니스에 눈을 뜨고 알리바바라는 전자상거래 업체를 세웠다. 이후 미국 증시에 상장되면서 20조 원대의 최고 부자가 되었다.

- 80년대 덩샤오핑은 자신의 개혁개방 정책을 지지하는 세력에게 경제 정책을 맡겼고 이는 정치 부패의 근원이 되었다.

이후 90년대에는 지식인들이 가세하면서 자신의 전문 지식을 이용한 창업 사례가 늘었다. 일부는 전문기술직에 종사하다가 또는 대학교수로 재직하다가 창업을 했다. 이들은 자신의 인맥과 지식을 이용해 컴퓨터나 인터넷 관련 사업을 시작해 성공했다. 다니던 직장을 그만두고 사업에 뛰어드는 경우가 많았기 때문에 샤하이下海; 장사에 뛰어들다라는 말이 당시의 키워드가 되었다.

부패형: 정치적 영향력으로 부를 거머쥔 사례다. 개혁개방 이후 평등주의 해체와 배금주의 풍조가 만연하면서 정부 관료들의 권력형 부패가 싹트기 시작했다. 정치와 경제가 연계된 정경유착형 부패는 개인에서부터 당 조직에 이르기까지 광범위하게 나타났다. 80년대 초반에는 당 간부들이 밀수에 관여하면서 부를 쌓았고 80년대 후반에는 당 조직이 생산재를 독점하면서 조직 차원의 부패가 성행했다. 이후 증권이나 토지 이용, 신용대출과 같이 부패와 관련된 대상은 시대에 따라 끊임없이 변화해 왔다. 초

기 중국의 현대화 과정은 계획경제와 시장경제가 공존하는
가운데 추진되었고 이러한 원인이 부패를 촉진시켰다. 80년
대 초기 계획경제와 시장경제의 구분이 모호했던 시기에는
정부 관료들이 이중가격제도雙軌制를 이용해 수요가 급증하
던 철강이나 원유, 목재 등의 원자재를 계획경제 가격으로
매입해 시장가격으로 되파는 방식으로 부를 쌓았다. 가격차
를 이용한 이 방법은 중요한 생산자원을 정부가 녹점적으로
관리하던 계획경제 시스템이 남아 있었기 때문이기도 했다.
정부 관료들은 유령회사를 통해 매입과 매수를 반복적으로
거치면서 가격을 부풀렸고 이 과정에서 막대한 부를 쌓았
다. 결국, 80년대 중반에는 인플레 현상이 발생하면서 천안
문 사건의 도화선이 되는 원인을 제공하기도 했다.

90년대부터는 중국의 시장경제가 발전함에 따라 정경유
착의 규모도 그 어느 때보다 방대해지기 시작했다. 개혁개
방 초기 덩샤오핑은 자신을 지지하는 세력들이 시장경제를
통제하기를 바랐다. 다른 누구보다도 더 신뢰할 수 있다는
이유 때문이었다. 덩샤오핑의 지지를 받은 정부 관료들은
자신의 가족이나 친인척에게 특혜를 제공했고 이 과정에서
막대한 부를 축적할 수 있었다. 공공사업이나 정부조달계
약, 공공입찰 등에서 정치적 후원을 받은 관료들의 친인척
들은 개혁개방 초기부터 중국의 경제를 장악하며 부를 독차
지하고 있다. 억만장자의 91%가 고위관료의 친인척이고 이
들이 경영하는 사업체가 국책 프로젝트와 금융, 무역, 국토

개발, 증권 등 5대 업종에 집중된 것은 그들의 정치적 영향력이 부의 근원이라는 것을 보여준다. 중국 권력 구조의 특징인 일당독재체제에서 오는 권력의 집중과 남용, 법 제도의 미비함이 정경유착형 부유층들을 양성했다.

투기형: 부동산이나 주식으로 부를 거머쥔 사례다. 1984년 상하이 페이러 음향회사上海飛樂音響公司가 직원과 일반인에게 주식을 처음 발행한 이후 주식투자는 80~90년대에 가장 많이 유행한 키워드였다. 90년대는 중국 경제가 연 10%대로 성장하던 시기로 주식을 구매하는 것은 곧 돈을 벌 수 있음을 의미했다. 1992년 한 해만 해도 선전에서는 5억 개의 주식이 판매됐고 전국 각지에서 100만 명 이상이 몰려들며 주식을 구매했다. 중국 경제의 엄청난 성장세에 힘입어 주식은 최고의 수익을 내는 방법으로 인식되었다. 중국의 주식시장은 2000년대에도 연간 100~200%씩 오르며 수많은 벼락부자들을 탄생시켰다. 지금도 천만 위안 이상 부호들의 15%가량이 주식과 선물先物 등 금융투자를 전문으로 하는 개인투자자다.

● 1987년 상하이의 한 전자업체가 주식을 상장하자 이를 구입하기 위해 많은 사람들이 몰려들었다.

중국 정부가 주택제도를 개혁하면서 부동산 시장이 형
성된 것도 투기형 부호들을 양성한 배경이 되었다. 1998년
정부가 분배하던 방식의 주택제도가 폐지된 이래 주택은 개
인의 거주와 투기 목적으로 소비되기 시작했다. 이와 함께
급속한 도시화가 도시 인구를 증가시키며 주택 수요를 확대
한 것도 투기 심리를 자극했다. 경기 활성화를 위해 정부가
법석 제재를 죄소화하면서 대줄이나 투기가 쉽게 허용됐던
것도 투기를 부추기는 원인이었다. 중국 국내뿐만 아니라
해외에서도 투기자금이 유입되면서 부동산 시장은 과열되

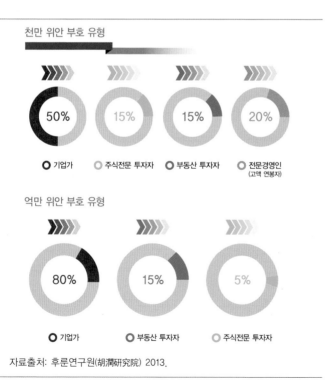

천만 위안 부호 유형

50% 15% 15% 20%

○ 기업가   ○ 주식전문 투자자   ○ 부동산 투자자   ○ 전문경영인
                                                    (고액 연봉자)

억만 위안 부호 유형

80% 15% 5%

○ 기업가   ○ 부동산 투자자   ○ 주식전문 투자자

자료출처: 후룬연구원(胡潤研究院) 2013.

었고 수많은 부동산 거부를 만들어 냈다. 2007년까지만 하더라도 상위 20명의 부호 중 11명이 부동산 부호일 정도로 부동산은 부의 메카였다. 2008년부터 중국 정부가 각종 수요억제책을 내놓으면서 부동산 부호들의 숫자도 크게 줄어들었지만, 부동산업이 중국 경제에서 차지하는 비중이 높아 여전히 많은 부호들을 양성해 내고 있다.

사회계층의 세습화 ─────────────

● 부유층 2세대인 이 소년은 SNS상에 자신의 화려하고 부유한 생활을 알리면서 화제가 됐다.

산업화가 진행될수록 도시화는 확대되고 사회계층은 다양해진다. 중국도 개혁개방을 통해 비약적인 경제 발전을 달성했으며, 시장화, 사유화, 산업화가 진행되면서 사회계층구조도 다원화되고 있다. 그러나 이와 함께 소득을 중심으로 하는 계층 간 불평등 문제도 심각해지고 있다. 사실 경제적 불평등 문제는 어느 나라에나 존재하고 어느 때나 있어 왔던 보편적인 현상이다. 인류역사상 가장 해결하기 어려운 문제가 바로 평등과 관련된 문제일 것이다. 20세기에 수많은 나라들이 평등을 기치로 내세우며 사회주의 국가를 건설했지만, 결국 평등한 세상은 만들어지지 않았다. 오히려 새로운 계층구조가 형성되면서 또 다른 불평등만 양산했을 뿐이었다. 계획경제 시대의 중국도 크게 다르지는 않았다. 경제적 격차에 따른 불평등만 줄어들었을 뿐 출신 성분이나 혈통과 같은 이데올로기적 요인이 새로운 사회적 불평등 요소로 작용했다. 개혁개방 이후에는 사회주의식 계층구조가 해체되면서 새로운 시대가 도래한 것처럼 보였지만, 여전히 불평등 문제는 존재한다.

세획경제 시대에노 그러했듯이 현재 중국의 계층 간 불평등을 야기하는 문제는 여전히 제도화된 불평등이다. 개인의 능력이나 노력에 의해 격차가 발생한다기보다는 사회제도라는 구조적인 모순에 의해 기회의 여부가 결정된다. 가장 심각한 피해자는 농촌 출신자들이다. 농촌 출신자들은 호구제도가 야기하는 이원화된 제도에 의해 계층 상승의 기회를 차단당하고 있다. 이들은 호구제도에 의해 도시의 저소득 계층으로 전락되어 고등교육을 받을 기회마저 박탈당하고 있다. 고등교육이 저소득 계층에게 신분상승의 유일한 방안이라면 농촌 출신자들에게는 기회의 균등마저 공정하게 이루어지지 않고 있다. 교육이 사회구성원의 지위를 결정짓는 핵심 요소가 되어 가고 있는 현대 중국사회에서 농촌 출신자와 같은 저소득 계층은 자신의 처지를 향상시키는 데 불리한 위치에 있다.

모순된 사회시스템이 존재하고 있음에도 불구하고 중국 사회가 크게 동요하지 않는 것은 아직까지도 기회가 존재한다고 믿기 때문이다. 양극화가 심화되고 있기는 하지만 연간 7~8%의 경제성장이 지속되면서 '성장의 과실'이 자신에게도 돌아올 것이라고 믿고 있다. 이 같은 믿음이 대중의 불만과 좌절을 어느 정도 완충하고 있는 것이다. 그러나 최근의 동향을 보면 그리 낙관적이지만은 않다. 지나친 불평등이 경제성장을 저해하고 계층 간의 이동을 제한하고 있기 때문이다. 특히 계층이 고착화되는 현상이 나타나면서 양극화의 격차는 줄어들 기미를 보이지 않는다. 최근 중국사회에서 회자되고 있는 치옹얼다이窮二代: 빈곤 2세대, 관얼다이官二代: 관료 2세대, 즈얼다이職二代: 직장 대물림[6], 푸얼다이富二代: 부유층 2세대 등의 용어가 생겨나고 있는 이유도 계층의 세습화가 보편화되고 있다는 의미다. 농민공과 같은 저소득계층의 자녀들은 가난을 대물림받고 있지만, 빈곤에서 벗어날 방법이 없다.

반면 부유층의 자녀들은 좋은 교육과 경제적 지원을 받으며 큰 어려움 없이 부를 물려받고 있다. 고위관료의 자녀들도 부모로부터 교육이나 인적 네트워크를 지원받으며 정치적·경제적 영향력을 늘려가고 있다. 이에 더해 국유기업 직원들이 자녀에게 직장을 대물림하는 세태까지 벌어지고 있어 기회의 형평성마저 해치고 있다. 어느 사회에나 불평등은 존재하지만 기회의 불평등은 매우 심각한 문제다. 특

---

6 즈얼다이는 국유기업 직원이 퇴직하거나 질병 등의 사유로 근무가 어려울시 그 자녀가 대신하는 일종의 세습 제도다. 계획경제 잔재가 남아 있던 80년까지 유지되다가 폐지됐지만, 아직도 이 제도를 유지하는 국유기업이 많다.

히 대를 이어 계층이 세습된다는 것은 특권계층과 특권의식을 양성한다는 점에서 매우 우려스러운 현상이 아닐 수 없다. 소득의 불평등은 존재할 수 있지만, 동등한 경쟁의 기회마저 보장되지 못한다면 계층 간의 갈등은 더욱 심화될 수밖에 없다. 중국 정부의 과제는 사회계층 간의 불평등 상황과 사회 갈등을 어떻게 풀어나갈 것인지다. 무엇보다도 사회적 약자들에 대한 관심과 제도적 보완이 시급하다.

푸얼다이(부유층 2세대)

푸얼다이는 70~80년대 출생하여, 부모로부터 부를 물려받은 세대를 뜻한다. 단순하게 말하자면 개혁개방 이후 사영 기업가로 변신해 신흥부유층이 된 사람들의 2세를 말한다. 개혁개방과 함께 산아 제한이 시작됐기 때문에 대부분의 부유층도 1자녀 가정이다. 따라서 푸얼다이들은 부모와 조부모의 사랑과 관심을 가장 많이 받은 세대이기도 하다. 좋은 경제적 조건 덕분에 학력 수준이 높고 해외유학과 전문적인 경영 수업을 받는 경우가 많다. 기업경영법이나 골프, 승마, 다도 등 우리 돈 1억 원이 넘는 상류층 사교 특강에 푸얼다이들이 문전성시를 이루어 이슈가 되기도 했다. 이들은 남들과 다른 특별함을 표현하기 위해 과시형 소비를 많이 하는 편이다. 잘 알려진 브랜드보다는 희소성이 있는 브랜드로 차별화를 추구한다.

자녀에게 재산을 물려주는 아시아의 관습상 이들의 대부분이 부모의 기업을 물려받는다. 문제는 힘들게 성공한 부모들이 자녀들의 인성교육은 등한시한다는 것이다. 부모의 재력과 사회적 지위를 과신한 나머지 남을 업신여기거나 제멋대로 행동하는 경우가 많아 사회적으로 문제가 되고 있다. 음주운전을 하다가 사망 사고를 내고도 안하무인인 경우도 있었고 일반 관광객과 같은 케이블카에 태웠다고 가이드를 구타했던 푸얼다이도 있었다. 부모의 재력과 권세만 믿고 사고를 치는 경우가 많아 사회적으로 큰 비난을 받기도 한다. 빈부 격차가 사회문제로 대두되면서 근검과 절약을 강조하는 중국의 정치계에 일부 푸얼다이들의 행태는 또 다른 고민거리가 되고 있다.

월광족

소위 '월광족月光族'이라 불리는 이들은 씀씀이가 과감해신 숭국의 젊은이들을 일컫는다. 여기서 월月은 '월급'을, 광光은 '다 써버리다'의 뜻으로 80년대 이후에 태어나 저축에 둔감한 세대를 말한다. 개혁개방 이전 세대가 저축과 근면을 삶의 방식으로 정했다면 월광족은 현재의 삶을 즐기는 신세대들이다. 월광족의 등장은 중국의 경제성장과 더불어 유입된 즉흥 소비문화가 낳은 결과다. 이들은 자신이 원하는 것은 바로 사야 한다는 소비 심리가 강해 과소비 경향이 높다.

소득 측면에서 월광족을 어느 한 계층으로 규정하기는 어렵다. 소득이 높아 지출을 많이 하는 월광족도 있지만, 저축을 해도 물가상승을 따라가지 못하기 때문에 저축을 포기하고 현재를 즐기는 경우도 있기 때문이다. 그러나 월광족들은 주로 외국계 금융회사나 미디어, 예술, IT 업계와 같은 고소득 직종에 종사하며, 의류나 화장품 구입, 외식이나 여행, 자동차 구입 등에 많은 소비를 하는 것으로 나타난다. 중국 내부에서는 이들의 무분별한 소비 행태를 비난하고 있지만, 한편으로는 월광족이 내수시장을 활성화시키고 있다고 평가하기도 한다. 중국에 진출한 외국기업들이 주요 타깃으로 삼고 마케팅에 전념하는 계층이기도 하다.

21세기에 부활한 공자

UNVEILED FACE OF CHINA

2013년 중국에서는 작지만 의미심장한 변화가 일어났었다. 본래 9월 10일이었던 스승의 날敎師節을 같은 달 28일로 변경하기로 결정한 것이다. 9월 28일은 공자孔子의 탄신일로 그동안 중국 역사 속에서 끊임없이 수용되고 재해석 해왔던 공자는 이제는 중국인들의 '스승'으로 격상되었다.

기원전 551~479년 사이에 살았다고 알려진 공자는 화합, 도덕성, 권위의 존중, 상하관계의 중요성 등을 강조했던 고대 중국의 학자다. 중국 정부는 공자가 평화롭고 평등하게 지내는 대동세계大同世界의 이념을 꿈꿔왔다는 논리를 강조하며, 그 어느 때보다 적극적으로 공자의 가치들을 장려하고 있다. 그러나 공자는 약 반세기 동안 중국에서 홀대받았었다. 마오쩌둥毛澤東 시대에는 공자의 사상을 반동의 근원으로 인식하고 소멸시키고자 했기에 요즘 공자를 부활시키는 움직임에 대해 의문이 들지 않을 수 없다. 그렇다면 왜 중국 정부는 자신들이 탄압했던 공자와 그의 사상을 다시 부활시키고 있는 것일까?

시장개혁, 경제 발전, 성장우선주의에 대한 집착은 중국을 역사상 가장 부유하게 만들고 있지만, 사회적으로는 많은 혼란과 불만을 초래하고 있나. 중국 성부는 개혁개방 과정에서 파생된 혼란과 상처들을 치유하기 위해 새로운 이데올로기가 필요하다고 생각한다. 즉, 붕괴되고 있는 국가이념과 가치관을 보완할 수 있는 매개체를 중국의 전통사상에서 찾고자 하는 것이다. 특히 구소련의 붕괴로 사회주의 이념의 한계가 분명해짐에 따라 국민을 통합하고 문화적 자긍심을 심어주는 데 공자만한 콘텐츠가 없다고 본다. 공자의 유교사상을 국가 위기에 여론을 한데 모으고 국민의 힘을 집중시킬 수 있는 문화적 장치라고 생각한다. 하지만 단순히 옛것을 되살리는 것이 아닌 정치 전략적 차원에서의 접근에 대해 중국 안팎의 시선은 환영과 우려가 교차하고 있다.

공자가 죽어야 공산당이 산다

공자는 혼란했던 춘추시대를 바로잡기 위해 유가儒家사

상을 제창했었다. '임금은 임금답게', '신하는 신하답게' 책임과 본분을 다하도록 하여, 계략과 음모, 배신이 난무하던 시기를 바로 잡고자 했다. 이는 신분에 따라 "자신의 본분을 지키는 것이 미덕이다."라는 의미로 동아시아 지배계급에게 지대한 영향을 주었다. 그러나 신분과 계급주의를 타파하고자 했던 공산당의 철학과는 정반대였다고 할 수 있다. 공자는 "생사는 명에 달렸고 부귀는 하늘에 달렸다死生有命, 富貴在天."라며 유신론有神論을 말했지만, 마르크스는 모든 속박과 예속으로부터 인간을 해방시키는 무신론적인 사회를 추구했다. 유가에서는 '가정을 중요시'했으나 공산당은 '가정의 소멸'을 주장하며 대중을 집단화했다. 공자와 공산당의 가치관은 마치 물과 기름 같은 관계였다고 할 수 있다.

중국공산당은 대중이 구세주나 신神이 아닌 공산당에 의지해야만 공산당 집권에 힘을 실어줄 수 있을 것이라고 생각했다. 따라서 마오쩌둥은 유가사상을 봉건문화의 상징으로 보고 사회주의 문화건설을 위해서는 이러한 '낡은 악'을 청산해야 한다고 믿었다. 건국 초기에는 공자 타도의 움직임이 약했지만, 문화대혁명이 일어났던 1966년부터 마오쩌둥은 공자를 반동철학의 선구자로 낙인하고 비판하기 시작했다. 마오쩌둥은 봉건잔재의 유습을 타파한다는 명목 아래 홍위병들에게 사찰, 불상, 명승고적 등의 파괴를 지시하였다. 2천 년이 넘는 유구한 역사를 지닌 유적지들은 마오쩌둥을 추앙하던 홍위병들에 의해 불타 없어지고 승려와 도사들은 강제로 인민공사에 편입되었다. 공산당은 사찰의 재산을 몰수하고 승려와 비구니에게는 마르크스주의를 배우도록 강요하면서 강제로 결혼시키기까지도 하였다.

공자의 후손들은 숨어 지낼 수밖에 없었고 공자의 고향인 산둥성 취푸曲阜에 있는 공부孔府; 저택, 공묘孔廟; 사당, 공림孔林; 묘지 등 삼공三孔은 크게 훼손되었다. 전국 각지에서도 공자를 모시는 사당이 파괴되면서 공자는 철저히 잊혀져 갔다. 이때는 유교뿐만 아니라 모든 종교와 문화재들이 소멸되던 시기였다.

● 공묘를 파괴하고 있는 홍위병

● 공자를 모시는 사당에 몰려가 공자를 비판하고 있는 홍위병

• 문화대혁명에 동조하면서 마오쩌둥의 후계자로 급부상했던 린뱌오(왼쪽)였지만, 이후 후계자에서 밀려나면서 쿠데타를 도모하다 사망한다.

아울러 1973년에는 유학경전을 즐겨 읽던 전 부주석 린뱌오林彪가 쿠데타를 도모하다가 사망하자 린뱌오와 공자를 함께 비판하는 비림비공批林批孔 운동이 시작되었다. '비림비공'이란 '린뱌오와 공자를 비난한다'는 뜻으로 그는 지주, 자산계급을 복귀시키려 했다는 죄명으로 공격을 당했다. 당시의 관념으로는 공자의 사상이 노예제를 옹호하는 사상으로 인식됐기 때문에 공자의 말을 자주 인용했던 린뱌오는 죽어서도 비판을 받았다. 공자의 비판을 주제로 한 정치운동인 비림비공으로 인해 전국 각지의 공자 관련 문물은 다시 한 번 심각한 파괴를 당하게 되었고 공자 관련 사상도 철저히 소멸되었다.

공자가 살아야 공산당이 산다

마오쩌둥에 의해 오랜 유배생활을 했던 덩샤오핑은 그가 사망하자 다시 정계로 복귀하였다. 1978년 12월 중국공산당 제11기 3중 전회에서 모든 권력을 장악한 덩샤오핑은 중국사회와 경제를 3단계 과정을 통해 발전시키겠다는 전략을 발표한다. 여기서 말하는 3단계 발전전략三步走이란 첫

째: 원바오溫飽를 이루어 2000년까지 빈곤 문제를 해소한다. 둘째: 샤오캉小康; 소강사회를 이루어 2020년까지 모든 사람들이 여유 있는 삶을 누리도록 한다. 셋째: 따퉁大同; 대동사회를 이루어 2050년까지 이상적인 복지사회를 건설한다.[1] 여기서 덩샤오핑이 얘기했던 '샤오캉'과 '따퉁'이란 후한後漢시대에 저술된 『예기禮記』의 「예운편禮運篇」에 언급된 말이었다. 샤오캉은 '따퉁'의 전 단계로 '커다란 모순 없이 잘 어울려 사는 사회'라는 뜻의 유가儒家 용어다. 따퉁이 '대도大道가 행해지고 천하가 공정함을 이룬 사회'라는 뜻이었다면 샤오캉은 '예의가 서 있고 군신君臣 관계가 올바르며 가족 관계가 화목하고, 생활이 윤택한 사회'를 가리키는 뜻이었다. 덩샤오핑은 샤오캉과 따퉁을 발전의 단계로 인용했지만, 정치 활동 중에도 '실사구시實事求是'나 '이인위본以人爲本'과 같은 유가적인 용어를 자주 인용했다. 그동안 금기시됐던 공자의 사상을 인용해 자신의 정치철학을 강조했던 것이다. 덩샤오핑은 자신이 직접 공자의 부활을 지시하지는 않았다. 그러나 덩샤오핑이 인용했던 문구들로 인해 공자에 대한 금기가 암묵적으로 해제되었다.

공자가 본격적으로 부활하기 시작한 것은 2002년 장쩌민

---

1 1987년 덩샤오핑은 건국 100주년인 2050년을 목표로 '3단계 발전전략(三步走)'을 제시했다. 첫 번째 단계인 원바오는 기본적인 의식주를 해결하는 단계를 말하고, 두 번째인 샤오캉은 여유로운 중산층의 생활에 들어서는 것을 말한다. 마지막 세 번째인 따퉁사회는 태평 성대한 사회를 말하는데, 완벽한 평등, 안락, 평화를 구현하는 공산주의 이상사회의 개념이다.

으로부터 권력을 이양받은 후진타오胡錦濤 때부터다. 후진타
오는 자신의 정치슬로건을 '화해사회和諧社會; 조화사회' 건설이
라 하였다. 화해사회란 논어의 화이부동和而不同에서 나온 말
로 "모순의 대립인 조화和諧를 유지하는 것이 화和이고, 모
순의 대립인 차이를 없애는 것은 동同이다."라고 하였다. 공
자는 대립 요소들의 통일과 조화만이 완전한 사물을 형성할
수 있다고 보았다. 후진타오는 2000년대 이후 중국사회가
개혁개방의 후유증을 앓기 시작하자 협조, 융합, 조화 등
각종 이해 충돌을 슬기롭게 해결하는 균형 잡힌 사회 건설
을 표방하였다. 빈부 격차와 부패 확산 등 심각한 사회 모
순에 직면한 오늘날, 화해사회가 갈등 심화를 누그러뜨리는

• 집권 이후 조화건   데 일조할 것으로 기대했던 것이다. 이는 사회혼란기에 있
  설을 정치슬로건   던 춘추시대를 바로잡고자 공자가 제기했던 통치철학과도
  으로 채택했던 후
  진타오 주석   유사하다. 공자의 유가사상이 갖고
                   있는 충성심, 위계질서의 인정, 상급
                   자의 통솔에 대한 복종 등은 사회질

                   서를 유지하고자 했던 중국공산당의
                   통치 철학과 맞아떨어진다. 문화대혁
                   명 때처럼 기존의 질서를 부수고 반
                   항하는 것이 아니라 현재의 질서를
                   존중하고 복종해야 하는 안정이 필요
                   해진 것이다.

왜 공자인가?

사회를 통합하고 정권을 유지하는 데는 많은 방법이 있
겠지만, 유독 '공자'를 선택한 데는 다음과 같은 몇 가지 이
유가 있다.

첫째: 사회를 통합할 새로운 이념의 필요성

개혁개방 이후 중국은 자본주의 시장경제를 도입하며
눈부신 경제성장을 이루어왔다. 시장경제를 도입한 것은 공
산당 체제를 유지하기 위한 부득이한 선택이었지만, 한편으
로는 과거 국민통합의 중심이었던 사회주의 이데올로기의
권위를 위축시키는 원인이 되었다. 중국 정부와 공산당 입
장에선 개혁개방으로 약화된 사회주의 이념의 빈자리를 대
신할 구심점이 필요했다. 신에게 의존하고 사후의 세계를
언급하는 서구종교와는 달리 현실에 기반을 두어 평화롭고
조화로운 사회를 구현하는 것이 목표인 공자의 사상은 중
국적이면서도 정부가 추구하고자 하는 통치철학과도 일치
한다. 또한, 내부적으로는 빈부 격차, 도농 격차城鄕差別, 민
족 간 격차 등의 분열과 갈등이 매우 심각한 상황에서 이를
완충할 방책이 필요했다. 사회질서에 대한 존중, 윗사람에
대한 충효忠孝로 대표되는 유교의 이념이야말로 소외계층과
지역을 끌어안고 안정시키는 데, 가장 효과적인 매개체라고

판단한 것이다. 인구만 13억에 총 56개의 민족이 모여 살고 있는 중국에서는 갈등과 분열의 가능성이 상존해 있다. 이러한 중국을 하나로 결속하기 위해서는 자신들이 철저히 무시하고 파괴하고자 했던 공자의 유가사상이 새로운 통치철학으로 적절하다고 판단했다. 사회주의 이념보다 배금주의가 팽배해진 현 중국사회에 공자는 국민들에게는 응집력을, 정부에게는 사회통합을 실현시킬 이상적인 도구다.

개혁개방 이전 사회통합을 위한 기제는 체제에 헌신하는 인물을 본받도록 하는 것이었다. '인민영웅', '혁명영웅'의 칭호를 붙여 만든 영웅들은 사회주의 국가 건설을 위해 모두가 본받아 할 대상이었다. 그러나 현재의 사회적 분위기에서 과거와 같이 이데올로기를 이용한 영웅 만들기가 어려운 만큼 공자는 중국인들에게 문화적 자긍심과 함께 훌륭한 정신적 사상을 연결해 줄 수 있는 인물이다.

둘째: 대외 소프트 파워 제고

탈냉전 이후 미국 등 강대국에 의한 중국의 군사, 경제에 대한 견제는 중국에 큰 고민거리가 되고 있다. 세계 각

● 세계 각지에 설립되고 있는 공자학원은 소프트웨어적인 외교 역할을 하고 있다.

국은 중국이 강대국으로 부상한 이후 패권을 추구할 것이라는 '중국위협론'을 제기하며 중국을 경계하고 있다. 중국 정부는 이를 희석하기 위해 인간의 도리와 예절을 강조한 공자를 내세움으로써 중국의 성장이 패권이나 팽창주의로 연결되지 않는 다는 것을 세계에 알리고자 한다. 즉, 세계에도 널리 알려진 공자를 통해 '이미지 메이킹'을 하고자 하는 것이다. 인의예지仁義禮智를 강조한 공자를 내세움으로써 중국이 전통적으로 도덕적 소양과 자질을 갖추고 있는 대국大國임을 강조하고 중국의 부상이 결코 세계평화와 발전에 위협적이지 않다는 것을 어필하고 있다. 중국은 아시아적 가치와 세계적 문화유산으로 인정되는 공자의 유교사상을 외교영역에서의 소프트 파워 전략으로 이용하고 있다.

이러한 이미지를 제고하기 위해 전 세계에 공자학원을 설립하는 데 총력을 기울이고 있다. 장학금과 교육자원을 지원하는 공자학원은 해외에서 중국어와 중국문화를 보급하기 위해 다양한 프로젝트를 실시하고 있다. 공자학원을 통한 국가 이미지 제고는 국가 간 교류를 확대하고 중국에 대한 이해도를 증진시키는 역할을 수행한다. 공자학원은 선진국뿐만 아니라 제3세계까지도 뿌리를 내리고 있어 많은 지중파知中派를 양성하고 있다. 중국어를 가르치고 중국의 문화, 정치이념, 정책을 소개하는 공자학원은 친중파親中派 양성까지는 아니더라도 해외에서의 반중감정을 상쇄하는 데 큰 역할을 할 것으로 보고 있다. 이는 장기적으로는 내부 '소프트 파워' 향상을 통한 문화 강대국의 입지를 다시금 강화하고자 하는 중국 정부의 전략이라고 할 수 있다.

셋째: 통치 이념과의 부합

중국공산당은 사유재산제를 철폐하고 사회의 모든 구성원이 재산을 공동 소유하는 공산주의 사회를 꿈꾸었었다. 앞에서 언급했듯이 중국공산당의 통치 이데올로기인 샤오캉사회, 따퉁사회, 화해사회 건설은 공자의 사상과 절묘하게 맞아 떨어진다. 덩샤오핑이 개혁개방을 시작하며 언급한 샤오캉사회는 '군주가 백성들을 배부르고 편안하게 살도록 해주어야 한다'는 공자의 철학과도 같다. 샤오캉사회의 다음 단계인 따퉁사회 역시 안정된 사회를 바탕으로 모두가 행복하게 살 수 있는 지상낙원을 의미한다. 중국공산당의 최종 목적지인 공산주의 사회는 완벽한 평등, 안락, 평화를 추구하는 따퉁사회와도 일맥상통한다. 중국공산당의 목표와 공자가 바라던 이상향의 목표가 일치하기 때문에 공자의 사상을 통해 공산당 지배의 정통성을 부여하고 있는 것이다. 20세기 들어 줄곧 비판의 대상이었던 공자를 다시 화려하게 부활시키는 중심에 중국 정부와 공산당이 있는 것도 바로 이러한 이유 때문이다.

넷째: 신세대 인성교육의 대안

● 한 자녀 정책으로 인성교육의 논란에 있는 신세대.

1979년부터 실시된 한 자녀 정책은 중국의 급격한 인구 증가를 억제했지만, 한편으로는 한 자녀에 대한 부모들의 과잉보호가 시작되면서 사회적응력과 대인관계가 원만치 못한 신세대를 양산했다. 학교나 가정에서 인성교육을 제대로 배우지 못하는 학생들이 늘어나면서 중국사회에 많은 논란을 야기하기도 한다. 중국사회의 도덕적 위기가 전통문화를 상실함으로써 초래됐다는 의견에 따라 이에 대한 대응책으로서 공자의 사상이 떠오르게 되었다. 공자와 유가사상은 학생들의 가치관과 이념을 재정립할 수 있는 문화적 응집력으로 보고 있다. 공자의 인의예지 사상은 한자녀 정책과 압축 성장만을 추구하면서 잃게 된 젊은 세대의 인성교육을 바로잡는 역할을 할 수 있을 것으로 기대하고 있다. 이에 따라 학교 교육에서는 공자의 생애, 사상, 관점 등 공자에 대한 전반적인 교육을 진행하고 있고 TV, 영화와 같은 대중매체에서도 범국가적인 차원의 공자 띄우기가 빈번해지고 있다.

공자 띄우기

중국 정부는 각계 연구기관의 '유교연구센터'나 '공자사상 교육기관' 설립을 적극적으로 지원하거나 주도하고 있다. 대학에서는 공자의 유학을 전공하는 학과도 개설되고 있으며, 유가의 대표적 경전들을 망라한 서적도 속속 출판되고 있다. 공자를 기반으로 하는 문화산업은 문화공연, 관광, 영상, 작품 등으로 다각화 되어 있으며 국제화도 도모하고 있다. 2005년에는 공자 탄생 2556주년을 기념하는 행사가 공자의 고향인 산둥성 취푸시에서 개최되었는데, 중국 정부가 공자 제사를 직접 관장하고 관영방송 CCTV에서는 이를 생중계하는 등 큰 관심을 보였다. 중국에서 문화행사를 생중계하는 것은 극히 이례적인 일로 그만큼 공자의 사상적 가치를 중요하게 생각하는 것이다. 공자문화제는 1984년 후손들에 의해 처음 시작된 뒤 1989년 국가관광국과 산둥성 정부의 허가에 따라 '국제 공자문화제'로 확대한 후 현재까지 이어져 오고 있다. 산둥성 정부는 여기에서 더 나아가 공자 유적지와 주변 환경을 개선하는 데 2천 600만 위안(약 43억 원)을 투자했고 공자가 살던 노나라 시대의 수도를 복원한다는 계획도 추진하고 있어 정부 차원의 공자 띄우기는 더욱 가열될 것으로 보인다.

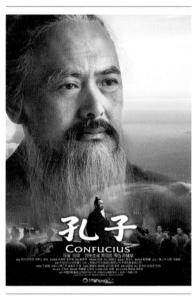

● 주윤발이 주연한 영화, 「공자」

중국의 CCTV는 2009년부터 26편 4부작 총 104편으로 구성되는 장편 만화영화 「공자」를 방송했고, 2005년에는 우리나라 배우 이정현이 위나라 황후 역할을 맡았던 35부작 드라마 「공자」가, 2010년에는 주윤발이 주연한 영화 「공자」가 상영되었다. 영상을 통한 다채로운 공자 띄우기와 함께 2008년 베이징 올림픽 개막식에서는 공자와 그의 어록들을 화려하게 연출하며 중국이 문화선진국

● 2008년 베이징 올림픽에서는 공자의 3천 제자들이 등장해 공자의 부활을 대내외에 알렸다.

임을 과시하고자 하였다. 공자의 『논어』를 인용해 "멀리서 벗이 찾아오니 즐겁지 아니한가_{有朋自遠方來不亦樂乎}."라는 글로 세계인을 환영하는가 하면 공자의 3천 제자가 도열해 화_和라는 한자를 들고 입장하며 올림픽이 화합의 축제임을 강조하였다. 올림픽을 통해 공자를 적극적으로 부각시킴으로써 중국이 문명국임을 세계에 알린 것이다.

이 중 공자학원은 중국 정부의 전폭적인 지지 하에 세계 각국에 설립되고 있으며, 한국에서는 최초이면서도 가장 많은 공자학원이 설립되었다. 공자학원은 해외 활동을 통해 국가 이미지 수립에서 중요한 역할을 담당하며, 국가적 위상 제고와 이미지 개선에 중점을 두고 있다. 공자학원은 공자의 사상을 교육하는 것과는 전혀 무관하다. 그럼에도 불구하고 '공자'라는 이름을 빌려온 것은 '공자'가 이미 세계적 명성과 사상적 지위도 갖추고 있어 중국을 세계에 알리는 데 잘 부합되는 콘텐츠이기 때문이다. 공자학원은 전 세계 91개국 322곳, 공자학당은 34개국 369개가 설립되어 있다. 중국 정부는 매년 공자학원에 3,600억 위안(약 60조원) 이상의 예산을 편성하고 있으며, 2015년까지 전 세계 500곳에 공자학원을 세워 150만 명 이상의 학생을 배출할 계획이다. 공자학원은 정부 차원에서도 적극 홍보하고 있다. 시진핑 국가주석은 부주석 시절인 2011년 태국 방문 당시 태국에 있는 공자학원을 방문 일정에 넣어 전 세계 언론에 이를

홍보했었고, 후진타오 전 주석도 미국 국빈 방문 당시 시카
고의 공자학원을 방문하기도 하였다.

공자의 부활과 중국의 고민 ─────────

　공자가 모든 문제를 해결할 수 있는 만능의 구세주는 아
니다. 중국이 공자를 떠받들며 위기를 극복하고자 하지만,
현재 중국이 당면하고 있는 문제를 2,000년 전의 공자가 모
두 해결해 줄 것이라 믿는 것은 큰 착각이다. 공자의 가치
는 종종 남존여비적인 편견을 나타내어 현대 중국사회의 가
치관과 마찰을 빚을 수 있다. 또한, 공자는 사람들의 처신
에 중점을 둬 자신의 본분을 지키도록 하는 것을 미덕으로
말하고 있다. 이는 개혁개방과 함께 서구적 가치관을 수용
하고 있는 현대 중국사회와 충돌하는 비현실적인 사고방식
이다. 요즘 중국이 유교적 가치관을 기업경영과 인성교육의
대안으로 적용하고 있지만, 문제는 앞으로 어떻게 공자의

● 천안문 국가 박물
관 광장에 세워졌
던 9.5m 높이의
공자상은 후에 박
물관 내부로 옮겨
졌다.

사상과 가치관을 현대 중국사회에 맞게 조율하느냐이다.

이 때문인지 중국 내부적으로도 공자의 부활에 대해 적지 않은 갈등이 있는 것으로 보인다. 2011년 1월 11일 천안문 광장 국가 박물관 앞에 거대한 공자상이 세워졌었다. 그러나 100일 만에 갑자기 철거되어 박물관 안쪽으로 옮겨졌다. 천안문 광장에 있는 마오쩌둥 초상화의 시선과 공자의 시선이 마주친다고 하여 공자상을 이전하였다고는 하지만, 공자를 다시 부활시키는 것에 대한 정권 내부의 항변이었다고 볼 수 있는 사건이었다.

공자 띄우기 분위기가 정점에 다다른 것과는 대조적으로 대중들의 시선은 그리 곱지만은 않다. 해외 공자학원에 막대한 자금을 지원하는 것에 대해서는 중국의 빈곤가정 교육문제를 우선 해결하라는 목소리도 나오고 있고 전국 각지에 공자상을 설치하는 것에 대한 반대여론이 74%일 정도로 매우 부정적이다. 중국이 "유교사회주의 국가로 나가고 있다."라며 세태를 풍자하기도 한다. 중국인들은 중국의 5,000년 역사 속에 중국을 대표할 인물이 반드시 공자이어야만 하는지에 대해서도 의문을 제기한다. 정부가 유독 공자를 강조하는 것은 중국 내부의 갈등과 분쟁을 공자라는 인물을 통해 순화시키려는 정치적 의도가 숨어있다고 생각한다. 중국공산당이 국가적 차원에서 '공자'를 대내외적인 소프트 파워로 활용하고자 하지만, 시민사회에서는 이에 대해 회의적인 반응을 보이는 것이다.

중국의 고질적인 문제인 꽌시關系; 인맥, 혈연, 지연과 같은 이른바 연고주의가 유교문화의 부활로 더 심화될 가능성도 있다. 또한 유교문화의 부활을 가장해 문화패권주의를 추구한다면 이는 동아시아 국가들과 마찰을 일으킬 수 있는 부분이기도 하다. 총체적인 문제는 공자의 부활이 아니라 공자의 가르침을 어떠한 차원으로 받아들이느냐의 문제다. 중국 정부가 공자와 유가사상을 젊은 세대들의 가치관과 이념을 재정립할 수 있는 문화적 응집력으로 보고 있지만 이를 단지 정권 유지의 수단으로만 본다면 유가사상의 진정한 의미를 역행하는 것이다. 권위주의에 의지해 '교화'를 강제로 보급하려는 방법이 현대 사회에 얼마나 효과가 발휘될지도 미지수다. 다만 공자를 교육적인 측면에서 발전시킨다면 중국사회가 소통하는 데에는 큰 역할을 할 것으로 기대한다.

3

중국의 입시전쟁

유교문화권에 속한 동아시아 국가들의 특징은 문文을 중시하고 무武를 천시하는 분위기가 강했다는 것이다. 이는 활동량이 높은 직업을 천시하던 유교사상의 영향을 받은 것으로 고대 중국에서부터 우리나라에 이르기까지 과거에 급제해 문관이 되는 것은 매우 영광스러운 일이었다.

과거科擧제도는 수나라 때부터 시행되어 청나라 때까지 약 1천 3백여 년간 이어졌다. 과거제도가 실시되면서 귀족이라는 이유로 관료가 될 수 있었던 특권은 사라지고 과거에 급제한 사람에게만 관료가 될 수 있는 자격이 부여되었다. 이로 인해 귀족들도 관료가 되거나 출세하기 위해서는 학업에 매진해야 했다. 한편으로는 귀족 출신이 아니어도 관료가 될 수 있는 길이 열리게 되었다. 이는 세습과 추천으로 관료가 되던 시대보다는 공평·공정한 방식이었다고 할 수 있다. 귀족정치에서 관료정치로의 전환은 고대 중국 사회 발전에 큰 공헌을 하였다. 민주주의가 발전했던 영국도 시험을 통해 관리를 임용한 것이 불과 1870년의 일이었고, 미국은 이보다 늦은 1883년이었다는 것을 감안하면 중국의 과거제도는 매우 진보적인 발상이었다. 그러나 아이러니하게도 서구열강을 따라잡기 위해 시작한 신문화 운동으로 인해 과거제도는 1905년을 끝으로 역사의 뒤안길로 사라지게 되었다.

중국의 과거제도는 광대한 지역을 나누어 지역별 합격자 수를 정하고 본인의 호적이 등록된 지역에서만 과거시험을 볼 수 있는 자격이 주어졌다. 따라서 타 지역에서 이주해온 사람은 응시 자격이 없었고 이주한지 20년이 넘어야만 과거에 응시할 자격이 주어졌다. 현지 관료는 현지에서 뽑는다는 원칙과 경쟁이 덜한 지역으로 응시자들이 몰리는 것을 방지하기 위한 일종의 가이드라인이었다. 호적을 속여 과거에 응시하는 경우가 적발되면 그에 상응하는 처벌을 받았다. 만약 호적에 따른 응시규정을 만들지 않았다면 외지인 관

● 중국 최대의 과거
  시험장이었던 강
  남공원(江南貢院)

료가 현지인보다 훨씬 많은 상황까지 일어났을 것이다.

이러한 가이드라인은 현대 중국의 입시제도에도 그대로 반영되고 있다. 중국에서는 아직까지도 대학입시와 호구제도를 연결해 지역별 합격자 정원을 정하는데, 현지 호구를 가진 사람들에게 좀 더 많은 정원을 할당하고 있다. 따라서 중국의 입시제도는 우리와는 다르게 이 호구제도라는 것을 알아야만 이해가 가능하다.

입시제도의 역사

건국 초기

1949년 중화인민공화국이 건국되고 대학교육은 사회주의 체제에 걸맞게 전환되기 시작했다. 당시의 과제는 대학교육을 중국의 사회주의 노선과 경제 건설에 맞게 개혁하는 것이었다. 건국 이후 소련의 전폭적인 지원을 받고 있던 중국은 교육제도 역시 소련식 모델을 채택한다. 소련식 모델에 따라 대학 자체에서 시험문제를 출제해 학생 모집을 하던 방식은 점차 정부 주도의 대학입시제도로 전환되었다. 1950년부터 1954년 사이에는 6개 행정구역에서 시험을 통해 학생을 모집했고, 1955년부터는 학생 모집 기간, 시험과목

등을 전국적으로 통일하였다. 입시 과목은 문과와 이과로
구분하지 않았으며, 국어, 외국어(영어, 러시아어), 정치, 수
학, 세계사, 지리, 물리, 화학 등 8개 과목으로 규정했다. 단
외국어를 배우지 못한 응시생에게는 시험을 면제해 주었다.

그러나 1958년에 이르러 시작된 대약진 운동으로 인해
중국의 교육계는 큰 변화를 겪게 되었다. 중국의 대약진 운
동은 정치, 경제, 사회 발전에서 소련 모델의 이탈을 의미
했다. 정부는 고등교육을 확대한다는 명목으로 1959년부
터는 대학을 마구잡이로 늘리기 시작했고, 전국통일고사
는 다시 대학 자체 입시로 바뀌게 되었다. 이로 인해 1957년
229개였던 전일제 대학은 1960년 1,289개까지 늘어났고, 모
집정원은 10만 6천 명에서 26만 5천 명까지 급증하였다.

건국 초기 시기별 대학 수와 재학생 증가율 비교

연도	대학 수	재학생
1949	205	116,504
1952	201	191,147
1957	229	441,181
1960	1,289	961,000
1962	610	947,166
1965	434	685,314

대학과 입학 정원은 늘어났지만, 대부분이 노동자와 농
민을 배양하기 위한 노동자대학과 농민대학 위주였고, 교육
방식도 프롤레타리아 정치를 위해 봉사하는 정신을 강조하

는 것이 대부분일 정도로 정치적인 색채가 매우 강했다. 대약진 운동이 실패로 마무리된 1961년부터는 다시 정상화되기 시작했으나 지식인보다 노동자 계급을 중시하던 사회풍토가 만연하면서 대학의 학문적 수준은 떨어졌다.

문화대혁명 시기 ——————————

대약진 운동의 후유증을 극복하기 시작한지 얼마 되지 않아 중국의 교육계는 다시 정치운동의 소용돌이에 휘말렸다. 1966년 문화대혁명이 전개되면서 그 여파로 학생 모집이 중단되어 대학 교육은 황폐화되었다. 홍위병들이 자산계급의 후계자를 양성한다는 이유로 대학입시제도를 비판하면서 결국 대학입시는 중단되었다. 따라서 대학은 장기간 수업을 중단하였고 신입생 모집도 불가능했다.

● 문화대혁명 시기 학생들은 학업보다는 사상 투쟁에만 몰두했다.

1970년 마오쩌둥의 지시에 의해 베이징대학과 칭화대학
이 신입생 모집을 시작하였으나 2년 이상의 경력이 있는 노
동자, 농민, 군인만 입학이 가능했다. 당시의 입학 조건을
보면 노동자, 농민, 군인 중에 대중의 추천과 학교의 심사
를 받은 '중학교 졸업 정도의 수준을 갖춘 자'로 규정되어
있었다. 따라서 노동자나 농민, 군인 출신이 아니었던 고등
학교 졸업생에게는 대학에 들어갈 자격이 수어지지 않았다.
이러한 입학제도에 의해 많은 부작용이 발생했다. 프롤레타
리아 계급에게 대학교육을 제공한다는 취지였지만, 학생 선
발에 자의적인 평가가 가능해지면서 사실상 간부 자제들의
입학률만 크게 늘었다.

대학 내에서의 교육 역시 폭넓은 지식에 대한 탐구가 아
니라 시종일관 지식인과 부르주아 계급에 대한 비판을 키
우는 것에만 중점을 두었다. 편협한 교육 내용과 원칙 없는
입학 방식으로 대학교육의 본래 이념도 상실되었다. 사회
분위기가 지식인에 대해 시종일관 비판적인 태도였기 때문
에 대학교육의 발전은 거의 이루어지지 않았다. 지식인들에
게는 생산 실천과 사회 혁명에 투신하도록 강요하였고, 노
동자와 농민이 학교를 장악하면서 대학의 학술적 권위는 추
락했다.

또한, 문화대혁명 기간 동안 당 간부와 지식인에 대한
공격이 심화되면서 대부분의 대학교수들은 농촌으로 하방
下放당했다. 이로 인해 대학의 인재교육은 거의 공백 상태였
고, 사회 발전도 뒤처지는 결과를 낳았다.

문화대혁명 이후 ────────

마오쩌둥 사망 이후 1977년에 덩샤오핑이 복귀하면서 대학입시제도는 다시 부활하게 되었다. 덩샤오핑은 고등학교 또는 동등 학력을 구비한 학생들을 모집대상으로 하는 대입시험 회복을 선언하며, 문화대혁명 기간에 시행되어 온 대중 추천 제도를 폐지하였다. 당시 중국의 교육계는 문화대혁명의 여파로 인재가 고갈된 상태였다. 덩샤오핑은 경제와 사회를 회복하기 위해서는 대량의 인재들이 필요하다고 생각하고 문화대혁명 기간에 하방됐던 대학교수들과 지식인들을 불러들이는 한편 서둘러 교육을 정상화하고자 하였다.

대입시험은 1977년 12월에 다시 부활했지만, 인재 부족을 해소하기 위해 다음해인 1978년에도 봄과 가을에 한 차

● 1977년 대입시험이 부활하면서 다시 학생 모집이 가능해졌다.

레씩 시험을 치러 대학 정원을 늘려나갔다. 응시자들은 1차 시험(모집인원 수의 3~5배)에 합격된 후 2차 시험을 치러야 했으며, 대학에서 모집하고 성省, 시市, 자치구自治區에서 합격을 결정하는 방식으로 진행했다.

이후 중국의 입시제도는 20년간 전국 통일고사방식을 실시하다가 1999년 국어, 수학, 영어를 기본과목으로 하고 지역의 특수성을 고려하여 과목을 추가하는 방식을 선택하고 있다. 이는 입시 위주로 교육이 변질되는 것을 개선하기 위한 선택이었다.

그러나 개혁개방 이후 동부 연해 위주로 경제가 발전하면서 교육에 있어서도 지역 간의 격차가 심화되었고, 경제력의 차이가 교육 수준의 차이로 이어지는 현상이 발생하였다. 지역 간 경제적 격차로 인해 중서부 지역의 고등학생들이 상대적으로 열세에 처하게 되었고 학부모의 교육열로 중등교육마저 입시전쟁이 벌어지는 문제가 발생하였다. 특히 한 자녀 정책으로 인성교육 보다는 각종 사교육을 중시하면서 학생들의 학습 부담이 점차 가중되고 있다. 반면, 경제력의 차이가 자녀들의 학습에 큰 영향을 미치면서 빈곤층의 불만도 커지고 있다.

가오카오高考

입학 정원과 경쟁률

가오카오高考, gāo kǎo는 중국의 대입시험인 고등학교초생고시高等學校招生考試의 약칭이다.

현행 중국의 입시제도는 지역별 합격자 정원수와 호구지 응시라는 기본원칙을 고수하고 있다. 교육부의 규정에 따라 수험생이 베이징에 거주하고 있더라도 호구지가 상하이면 상하이에서 시험을 봐야 한다. 이것은 지역할당정책高考分省劃線定額錄取政策으로 설명할 수 있는데, 각 대학이 학생 선발인원을 자신의 소재지에 우선 배분하는 일종의 지역 배려 정책이다. 중국의 대학들은 학생 모집 계획을 수립할 때 지역별로 받아들일 학생의 수를 할당한 다음 그 지역에 통보하는 방식을 취하고 있다. 예를 들어 베이징 소재지의 모 대학이 학생을 모집한다면 올해에는 베이징 호구가 있는 학생은 300명, 타 지역인 상하이는 200명, 저장성 100명을 뽑는다는 식의 기준을 정한다. 자신이 원하는 대학을 놓고 전국의 수험생과 경쟁하는 것이 아니라 자신의 호구지 수험생들과 경쟁하는 방식이다. 할당 인원에 대한 기준은 전 해에 입시한 학생의 성적과 입시 달성률로 계산한다. 따라서 지역 간 입시 난이도도 다르고 수험생이 많은 지역일수록 경쟁도 치열해진다.

일반적으로 대학 소재지의 정원이 타 지역보다 많이 배정되는데 약 30% 정도를 차지한다. 그러나 대부분의 명문대가 베이징이나 상하이 같은 대도시에 많기 때문에 대도시 수험생들에게 유리하다. 이러한 명문대학을 중점대학重點大學이라고 한다. 2014년 중국에는 총 2,246개의 대학이 있다. 중국 정부는 우수한 인재를 양성하기 위해 이들 가운데 약 131여 개의 대학을 중점대학으로 지정해 예산을 우선적으로 배분하는 등 각종 우대 정책을 지원하고 있다. 중점대학 제도는 1959년부터 시작되어 우수한 인재를 양성하는 긍정적인 역할을 하고 있다. 하지만 대도시 쏠림 현상이 심해 지방 수험생들에게는 상대적으로 불리하다. 그 비율을 보면 총 131개(2014년 기준) 중점대학 중 베이징에 있는 대학은 28개로 약 21%, 상하이는 6.8%, 장쑤성은 10%나 된다. 반면 쓰촨성의 입시생 수는 베이징의 7배가 넘지만 3.8%에 불과한 5개 대학만이 선정되어 있다. 이 때문에 베이징 호구를 취득하기 위한 각종 편법이 등장하고 있다.

2013년 각 지역별 수험생 인구와 칭화대학 입학 경쟁률

지역	수험생 수	칭화대학 입학 정원	경쟁률
베이징	7만 2,700명	368명	197 : 1
충칭	23만 5,000명	82명	2,865 : 1
상하이	5만 3,000명	117명	452 : 1
쓰촨	54만 200명	171명	3,159 : 1
장쑤	45만 명	145명	3,103 : 1
광시	29만 8,000명	83명	3,590 : 1
지린	15만 5,000명	93명	1,666 : 1
시장	1만 9,000명	15명	1,266 : 1
신장	15만 8,700명	47명	3,376 : 1

물론 대도시의 커트라인이 높아 경쟁이 치열할 수는 있다. 하지만 지역별 입시생 인구에 비례해 보면 입학 정원 측면에서는 대도시의 할당량이 더 많기 때문에 베이징이나 상하이와 같은 지역의 입시생이 훨씬 유리하다. 칭화대학의 경우를 예로 들어보면 2013년 베이징 입시생은 7만 2,700명이지만, 베이징 지역의 정원 할당은 368명으로 경쟁률은 197:1이었다. 반면 쓰촨성의 입시생은 54만 200명으로 칭화대학 입학 정원 배분은 171명에 불과해 경쟁률이 3,159:1이나 되었다. 선호도가 높은 중점대학 일수록 경쟁률은 치열해져 상대적으로 명문대에 합격하기 유리한 베이징이나 상하이로 주소지를 옮기거나 반대로 문제 난이도나 합격 커트

라인이 낮은 지역으로 이사를 가는 가오카오이민高考移民이라는 용어까지 생기고 있다. 정부에서는 이 같은 현상을 방지하고자 중학교 이후에 대도시로 이주해온 학생들에게는 호구를 전환해주지 않고 있다.

그러나 이러한 제도로 도시 농민공 자녀들의 교육 기회를 박탈하는 사례가 늘어나면서 시진핑 지도부 때부터는 농민공 자녀들에 대해서는 대입시험 기준을 완화하였다. 이 덕분에 2013년에는 약 5,000명이, 2014년에는 약 5만 명의 농민공 자녀들이 도시에서 대입시험에 응시할 수 있게 되었다.

응시 연령은 이전에는 25세 이하의 미혼만 응시할 수 있었으나 2001년에 폐지되어 현재는 결혼 여부나 응시 연령에 제한이 없다.

시험과목과 응시 방식

'가오카오高考'는 매년 6월 7~8일(2일간) 진행된다. 전국 통일 시험 방식을 채택하고 있지만, 대학이 원할 때는 자율적으로 시험문제를 준비하고 시험을 볼 수 있도록 한다. 따라서 일부 지역은 6월과 12월 2회를 실시하는 경우도 있다.

시험과목은 공통과목인 국어·수학·외국어 외에(각각 150점 만점) 이과는 물리·화학·생물(각각 100점 만점), 문과

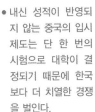

● 내신 성적이 반영되지 않는 중국의 입시제도는 단 한 번의 시험으로 대학이 결정되기 때문에 한국보다 더 치열한 경쟁을 벌인다.

는 정치·역사·지리(각각 100점 만점)로 총 6개 과목을 이틀 동안 실시하며 총점 750점으로 계산한다.

최근에는 영어보다 국어(중국어) 교육이 우선시되어야 한다는 여론이 형성되면서 2016년부터 영어는 150→100점으로 국어(중국어)는 150→200점으로 조정하기로 결정했다.

시험문제 출제는 전국에 공통으로 문제지가 배포되는 방식과 각 성과 시 자체에서 출제하는 두 가지 방식이 있다. 2000년 이전에는 교육부에서 출제하여 전국이 공통으로 시험을 치렀으나 각 지역의 교육 수준이 상이하여 자체적으로 문제를 출제하는 방식을 선택할 수 있게 하였다. 2010년 전국 31개 성과 시 중에 16곳이 자체적으로 문제를 출제하고 있고 나머지 15곳은 교육부의 문제지를 채택하고 있다.

자체적으로 문제를 출제할 때 가장 많은 주목을 받는 것
이 바로 작문이다. 시험 첫날 첫째 시간에 치르는 어문과목
의 작문은 지역마다 다르게 출제되고 난이도에도 차이가 있
다. 약 800자 이내의 글을 써서 제출해야 하는 작문시험은
특정 주제에 대해 얼마나 논리적으로 풀어쓰는가를 평가한
다. 시대상을 반영한 시사적인 문제가 많이 출제되기 때문
에 가오카오가 끝난 이후에는 방송이나 일반 시민들이 작문
문제에 대해 서로 토론하는 진풍경이 벌어지기도 한다.

중국의 대입시험은 내신 성적 반영 없이 순수 대입시
험 점수로만 결정한다. 대입시험 날 전국이 들썩이는 이유
도 단 한 번의 시험이 수험생의 인생을 좌우하기 때문이다.
그래서 이 단 한 번의 시험으로 한 평생의 운명을 결정하는
것은 매우 가혹하다는 의견이 많다. 이러한 의견을 반영해
서인지 2009년부터 광둥, 저장, 산둥 등 일부 지역에서는 영
어 과목에 한해서만 여러 차례 시험을 치러서 가장 높은 점
수를 반영하도록 하고 있다.

입시 지옥

학생들의 입시 경쟁이 가열되다보니 초·중·고 학생들
의 학업 스트레스도 매우 크다. 10대 학생들이 자살을 선
택하는 주된 원인이 바로 과도한 학업 스트레스라고 한다.
중국의 한 단체가 발표한 〈2014년 중국교육 보고서〉에서는
2013년 한 해 동안 자살한 학생들 중 92%가 심한 학업 스트

● 교통사고를 당한 후에도 영어단어 외우는 것을 포기하지 못한 어느 여학생의 모습.

● 학업 스트레스를 견디지 못한 한 학생이 수업 중에 갑자기 투신하는 장면이 공개되면서 중국사회가 충격에 빠졌었다.

레스나 교사와 다툰 원인으로 자살했다고 보고했다. 초·중·고 학생들까지 이렇게 자살을 선택하는 이유는 고등학교에 진학하기 전 중학생들이 치르는 고입시험이 있기 때문이다. 이를 종카오中考라고 한다. 고교 평준화가 없는 중국에서는 한국보다 더 치열한 고교 입시 과정을 거쳐야 하는데, 명문고에 진학을 하려면 시市 단위에서 치르는 종카오에서 높은 점수를 받아야 한다. 명문고에 진학을 해야 다시 명문대에 가기 유리해지니 어렸을 때부터 입시 스트레스를 받는다. 한 자녀 정책으로 인해 부모가 자녀에게 거는 기대가 크고 학교에서의 경쟁이 더욱 치열해지고 있어 자살과 같은 극단적인 선택을 하는 것이다. 멀쩡히 수업을 받던 학생이 갑자기 창문을 열고 뛰어내리는가 하면 교통사고 후에도 영어단어를 외우는 장면이 공개되어 중국사회에 충격을 주기도 했다.

부정행위

2014년에 치러진 대입시험에는 930만 명이 응시했다. 중국 전체 대학 모집 정원은 4년제와 전문대를 합쳐 총 700만 명으로 수험생 4명 중 3명은 대학생이 될 수 있다. 수험생의 75%가 대학에 들어갈 수 있지만, 전문대를 제외한 일반대학은 360만 명에 불과하고 학력 인플레이션과 취업난이 기중되면서 좋은 대학에 입학하기 위한 부정행위는 끊이지 않고 있다. 따라서 부정행위에 대한 감시도 매우 엄격하게 진행하고 있다. 금속탐지기로 검사하는 건 물론이고 공안이 직접 CCTV로 고사장을 녹화·감시하는 등 매우 엄격하다. 그러나 기술이 진보하면서 부정행위 방법 또한 갈수록 첨단화되고 있어 골머리를 앓고 있다. 따라서 고사장에서는 금속탐지기가 설치된 검색대 통과를 의무화했고, 실기 수험생들의 지문 대조 검사와 무선 신호 차단 등의 조치를 하고

• 수험생들을 금속탐지기로
  검사하고 있다.

• 시험장 당일에는 외부에서 전파가
  들어오는 지도 검사한다.

있다. 부정행위를 하다가 발각될 경우에는 전체 성적을 0점 처리하고 3년간 각종 국가 주관 시험에 응시하지 못하도록 제한을 주고 있다. 그렇지만 부정행위는 갈수록 지능화, 조직화되고 있다. 2014년 허난성과 산둥성에서는 약 100명 이상이 대리 시험을 봐주다가 적발되었고 수험생 지문 대조검사를 통과하기 위해 대리 응시자가 가짜 지문까지 손가락에 붙이는 경우도 발각되어 큰 논란이 되었다.

합격 기원

우리도 대입시험 날 후배들이 선배들을 응원해주거나 엿을 학교 대문에 붙이는 방식으로 합격을 기원하는 것처럼 중국에도 재미있는 합격 기원이 있다. 발음이 유사해 다른 이미지를 연상케 하는 것을 해음현상諧音現象이라고 하는데, 중국인들은 합격을 기원하기 위해 해음현상 방식을 즐겨한다. 대입시험이 다가오면 학생들은 합격을 기원하는 떡을 서로 돌려 먹는데, 이는 대입시험을 의미하는 가오카오高考의 가오高, gāo와 떡의 중국어인 가오糕, gāo의 음이 같기 때문이다. 떡을 먹으면 합격할 수 있다고 믿는 것이다. 시험 당일 아침에는 길쭉하게 생긴 요우티아오油條와 삶은 달걀 두 개를 먹는데, 여기에 숨은 의미는 길쭉한 요우티아오를 숫자 1로, 둥근 달걀 두 개를 0으로 보고 100점 받기를 기원하는 것이다. 또한, 수험생에게 5위안짜리 지폐 두 장을 선물로 주거나 학생들이 직접 지갑에 넣어 다니기도 한다. 중국인들에게 숫자 5는 결실을 맺길 바라는 '오곡풍성五穀豐盈'의 의미로 쓰이고 10은 '완전무결'함을 의미하는 '십전십미十全十美'를 뜻하기 때문이다. 시험에 좋은 성과를 얻으라는 의미다.

어떤 이들은 절이나 사당에 가서 합격을 기원하는데 부적의 비용이 우리 돈 수십만 원을 호가하지만 중국의 부모들은 아낌없이 지갑을 열고 있다. 또 일부이기는 하지만 열심히 공부한 지식이 머리에서 빠져나가지 않도록 시험 3~4일 전부터 머리를 감지 않는 수험생도 있다. 또한, 시험 당일에는 집안의 모든 서랍과 창문을 활짝 열어 대학 문이 수월하게 열리기를 기원하기도 한다.

● 좋은 결실을 맺기 바라는 마음으로 수험생들에게 5위안짜리 지폐를 두 장씩 주는 학교도 있다.

이틀간 치러지는 시험 때문에 주요 수험장과 도보 10분 거리에 있는 호텔들은 시험일 몇 달 전 부터 예약이 끝나기도 한다. 이런 호텔들은 수험생들을 위해 시험 일주일 전부터는 일반 투숙객은 전혀 받지 않아 수험생 전용 호텔로 변신한다. 수험장이 가까운 거리에 있더라도 일부러 택시를 타고 이동하는 경우가 있는데, 중국인들이 좋아하는 숫자 8이 들어가 있는 택시는 사전에 예약되고, 싫어하는 숫자 4가 들어간 택시는 이날 수험생을 태우지 않는다.

사교육 열풍

과거에는 대학 정원도 적었고 졸업 후에는 정부가 직장을 배정해줬기 때문에 입시나 취업 걱정이 없었다. 그러나 개혁개방 이후 이러한 제도는 점차 사라져 이제는 치열한 경쟁 속에 살아남아야 한다. 상황이 이렇다보니 입시 경쟁은 날로 치열해 지고 있다. 중국의 사교육은 크게 학원, 개인과외, 인터넷 과외 등 3가지로 분류된다. 2013년 베이징 중학생의 73%가 이미 이런 사교육을 받고 있는 것으로 조사됐는데, 이제는 베이징, 상하이, 광저우와 같은 대도시에서 중소도시와 농촌 지역에까지 확대되는 추세다. 2012년 중국의 사교육 시장 규모는 990억 위안(약 17조 원)에 달했고 매년 20% 이상 증가할 정도로 성장세에 있다. 교육 분야에 관련한 대對중국 해외투자액 역시 연평균 18%의 성장

률을 보이면서 해외에서도 중국의 사교육 시장의 성장 가능
성을 인정하고 있다. 한때 중국에서는 조기교육과 영재교육
을 모두 금지했지만, 명문대에 진학하는 것이 사회적 신분
상승과 출세를 보장하는 가장 현실적인 방법이다 보니 어
릴 때부터 과도한 사교육 부담에 시달리고 있는 것이다. 사
교육의 대부분은 국어와 영어 위주지만, 수학과 물리, 화학
등도 학원에서 별도로 학습하고 있다.

　일반가정에서 한 자녀에게 지출하는 사교육비는 월
360~800위안 정도지만, 기타 비용까지 총 1,000위안 정도가
지출되고 있다. 즉, 소득의 4분의 1가량을 지출하는 셈이다.
중국에서 어린 학생들까지 사교육 시장에 내몰리는 이유는
초등학생들은 명문 중학교에 중학생은 명문 고등학교에 입
학하기 위한 치열한 경쟁이 계속 반복되고 있기 때문이다.
명문고의 교육수준과 명문대 진학률이 높고 남들보다 뛰어

나야 한다는 부모의 기대감이 높아지면서 사교육 열풍이 거세지는 것이다. 대부분의 가정이 한 자녀로 이루어진 것도 사교육 열풍을 일으키는 원인이기도 하다. 자녀가 하나이다 보니 가정의 자원을 아이 한 명에게 집중할 수 있어 높은 교육 비용을 지출할 수 있는 것이다. 날로 치솟는 사교육비 문제로 중국 정부가 교육개혁에 고심하고 있지만, 경쟁 중심으로 짜인 교육구조 자체가 문제이기 때문에 사교육 시장은 더욱 커질 것으로 전망하고 있다.

4

외모 지상주의 사회

인류 역사를 보면 미美에 대한 절대적인 기준이 없었다. 아름다움에 대한 선호도는 시대별로 다르게 나타났고 미에 대한 기준도 개인별로 천차만별이었다. 고대 그리스 시대에는 건강미가 넘치는 외모를 중시했는가 하면 중세유럽에서는 순결함을 연상시키는 가녀린 여성을 미인으로 꼽았다. 19세기 낭만주의 시대에는 침울함이 유행해 창백하고 핏기 없는 얼굴을 만들기 위해 마약까지 복용했다고 한다. 과거 우리 조선시대에서는 눈이나 가슴이 큰 여자를 천하게 보았으나 지금은 수술을 해서라도 그렇게 만들고자 하니 과거에 통용됐던 아름다움의 기준은 시대에 따라서 끊임없이 변하고 있다.

인간은 근본적으로 아름다운 대상을 통해 미적 쾌감을 느끼고자 한다. 그러나 단순하게 아름다움을 느끼는 것으로 끝나는 것이 아니라 아름다움이 사회적 계급을 구분하는 잣대가 되기도 한다. 사회가 요구하는 아름다운 외적인 조건을 갖고 있다는 것은 그 자체만으로도 경쟁에서 우위를 점할 수 있음을 의미한다. 이는 과거에도 현재에도 크게 변하지 않는 사실이다. 이 때문에 아름다움의 기준은 종종 왜곡된 방식으로 확산되기도 한다.

혹자들은 중국의 여성사를 "여성이 학대받고 억압받던 역사"라고 한다. 이는 아름다워지기 위해 신체에 박해를 가하는 전족纏足을 해야 했기 때문이다. 전족은 작은 발을 만들기 위해 어려서부터 천으로 발을 동여매어 발육을 억압하고 손상시키는 행위다.

자신의 신체를 학대하면서까지 전족을 한 이유는 남성들이 전족을 한 작은 발을 가진 여성들을 선호했기 때문이다. 전족을 하게 되면 발이 기형이 되어 오늘날의 하이힐과 같은 모습을 갖추게 된다. 발뒤꿈치가 높아진 작은 발로 걷

● 6세 이전에 발등을 부러트리기 때문에 전족한 발은 담뱃갑 만한 크기의 기형이 된다. 청 말기까지 여성 인구의 약 80%가 전족을 했다.

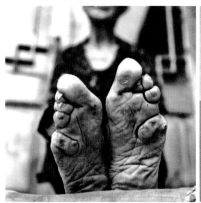

다보면 엉덩이가 나오고 아장아장 걷는 모습이 된다. 이런 모습에 남성들이 성적인 판타지를 느끼고 아름답다고 인정 하다 보니 전족이 미녀의 중요한 표준이 된 것이다. 여성들 은 아름다운 여인으로 인정받기 위해 기꺼이 전족을 했다.

남성들은 전족한 발을 작은 발小脚과 큰 발大脚로 구분하 고 전족을 하지 않은 발은 농민이나 노비로 여겨 천시했다. 전족이 유행하면서 발의 크기를 재는 전족대회까지 열렸 다. 대회에서 우승할 경우 명문가나 부잣집으로 시집을 갈 수 있는 확률이 높아져 신분 상승을 꾀할 수 있었다. 때문 에 여성들은 서로 작은 발을 만들기 위해 경쟁을 해야만 했 다. 이 전족의 유행에 대해서는 논란이 많지만, 송나라 때 부터 시작된 것으로 추측되는 전족문화는 청나라 말까지인 1,000여 년간 중국 여성들의 미의 기준이 되었다.

중국의 시대별 미의 기준

1910년 왕조체제가 붕괴되면서 전족의 역사는 사라지고 여성들의 미에 대한 기준도 바뀌기 시작했다. 서구문물이 유입되면서 중국에는 여성 해방운동과 같은 신문화 운동이 일어나 장신구를 크게 사용하지 않는 소박한 옷차림의 여성 들이 등장했다. 이 시기 여성들의 미의 기준은 간결하게 현 대화된 치파오旗袍와 서구화된 화장법, 그리고 단발머리였 다. 1920년대에 접어들면 좀 더 타이트한 치파오가 유행했는데, 여성의 몸매가 잘 드러나는 치파오를 잘 소화하는 균형 잡힌 체형의 여성상이 선호되었다. 1930~40년대에는 중국과 서양의 아름다움이 어우러진 여성이 아름다움의 기준이 되었다. 서구화된 문화가 보편화되면서 지식, 재능, 아름다움을 고루 갖춘 여성들이 늘어났고, 중국적인 매력과 이국적인 매력을 동시에 갖춘 여성이 등장하면서 이런 여성들이 미인으로 인정받았다.

그러나 1949년 중화인민공화국이 건국되면서 대륙으로 파고들어왔던 서구식 미인의 기준은 모두 사라지게 된다. 건국 이전부터 중국공산당은 남성 중심 사회에서 탈피하는 여성 해방을 외치며 권력을 잡았다. 마오쩌둥은 '남녀는 같다'는 원칙 아래 양성평등을 외치며 여성의 사회 진출을 적극적으로 지지하게 된다. 물론 이 시기부터 중국 여성의 권리는 신장됐지만, 평등의 기치 아래 여성들

● 대표적인 신여성의 모델이되었던 국민당 장제스 주석의 부인 쑹메이링(위)
● 개량화된 치파오를 입고 상하이 거리를 활보하는 여성(아래)

도 남성들이 전담하던 험한 일을 함께해야 했다. 여성들의 사회 진출이 늘어나면서 새로운 사회에 걸맞은 새로운 여성 상이 제시되었다. 여성 해방과 함께 사회 분위기는 여성들에게 남자 못지않은 당차고 건강한 여성상을 요구하였다. 여성들은 더 이상 자신의 아름다움을 표현하거나 치파오와 같은 짧은 옷으로 몸매를 드러내지 못하게 되었다. 혁명과 진보의 상징으로 여성들도 작업복이나 군복을 입었고 좀 더 강하고 씩씩하게 보이는 외모를 추구했다.

사회주의 국가 건설에 앞장서는 강한 여성! 이것이 당시 대가 요구했던 아름다운 여성의 표준이었다. 사회주의 국가 건설에 남녀노소가 모두 동원됐기 때문에 의복이나 화장으로 자신을 표현하는 것은 더 이상 불가능했다. 파마를 하면 삭발을 당했고 무릎이 보이는 치마를 입고 길에 나가면 손가락질을 받았다. "화려한 옷차림보다는 무장을 하겠다不愛紅妝愛武裝."는 구호를 외치며 모든 여성은 국가의 전쟁 무기가 되어야 했다. 전쟁의 위협과 평등주의의 기치 아래 여

● 혁명 정신으로 무장했던 문화대혁명 시기에는 모두가 동일한 복장과 두발을 해야만 했다.

성들은 획일화된 의복을 입고 두발을 해야만 했다. 여성의
복장, 헤어스타일, 화장 등은 비판의 대상이 되었고 남성의
기준에 맞추어 여성이 남성화되었다. 좀 더 과장을 하자면
문화대혁명의 절정기인 1960년대 말에는 남성과 여성의 구
별이 어려울 정도였다. 중국 여성들이 외모에 다시 관심을
가질 수 있었던 것은 1979년 개혁개방에 의해 물질 문화가
힘을 발휘하기 시작하면서다. 개혁개방으로 인해 여성들은
오랫동안 억압되어온 개성을 드러낼 수 있게 되었다. 외국
화장품과 의복 브랜드가 들어오고 화려한 패션이 중국 여성
들을 사로잡으면서 외모에 대한 관심도 커지게 되었다.

외모 지상주의 시대 ──────────

아름다워지고 남에게 잘 보이고 싶은 마음은 인간의 숨
길 수 없는 본능이다. 아름다움에 대한 동경은 우리의 역사

● 개혁개방 이후 여성들은 자신의 아름
다움을 드러낼 수 있게 되었다.

● 개혁개방과 함께 미와 관련된 산업이
부활하기 시작했다.

와 함께해왔지만, 새로운 사회체제 하에서 중국 여성들은 아름다워지고 싶은 자신의 욕구를 억눌러야만 했다. 그러나 개혁개방과 함께 시작된 사회 분위기의 변화로 여성들은 억압됐던 자신의 욕구를 드러낼 수 있게 되었다.

중국 경제의 성장과 소비 증대로 중국 여성들의 외모 및 패션에 대한 관심과 추구는 부단히 증가하고 있다. 중국 여성들의 교육 수준이 높아지고 대부분이 직장생활을 하면서 외모에 대한 관심이나 관리의 필요성이 대두되었고 또 외모에 투자할 만큼 소득도 증가하여 외모를 가꾸는 데 아낌없는 시간과 비용을 투자하고 있다. 패션과 화장품, 미용실, 성형외과, 헬스장 등 외모와 관련된 산업은 부단히 성장하고 있어 중국도 점차 외모를 중시하는 사회로 변모하고 있다. 대학에서는 여학생들만을 위해 '세련된 여성이 되는 법'을 배우는 과목이 개설되기도 하고 여성들도 이러한 사회 변화를 받아들이고 있다.

그렇지만 여성을 성적 매력으로만 판단하거나 외모를 신분상승의 기회로 이용하는 나쁜 풍조도 함께 생겨나기 시작했다. 과거에는 전통적인 가치관 때문에 성형수술에 대해 부정적인 여론이 대세였지만, 지금은 성형 미인을 동경하는 분위기마저 나타나고 있다. 외모에 대한 관심이 급증하면서 중국사회도 이제는 **'외모 = 경쟁력 및 자기관리'**라는 공식이 성립하기 시작한 것이다.

최근의 조사를 보면 중국 고용주들의 48%가 구직자의 외모를 먼저 보는 것으로 나타난다. 이는 미국 21%, 영국 10%, 호주 9%의 비율보다 훨씬 높은 수준이다. 이를 반증하듯 중국의 구인광고를 보면 구직자의 키, 체중이 필수 기재 항목이 되었고, 그 외 사진 첨부도 요구하고 있다. 실제로 중국 고용주들의 37%가 외모가 아름다운 여성을 선호한다고 답변하였다. 배우자의 소선으로 외모를 꼽은 빈도도 121개국 중 중국이 31.8%로 5위를 차지할 정도로 여성의 외모는 결혼 조건에서 큰 비중을 차지하고 있다. 사회적 분위기가 이렇다 보니 본래 자연 미인을 선호하고 성형 미인을 괄시하던 중국인들도 예뻐지기 위해 성형외과의 문을 앞 다투어 두드리고 있다.

우리가 '성괴'나 '의느님'과 같이 외모 지상주의를 비하하는 말이 있듯이 중국에도 '런짜오메이뉘人造美女'라는 용어가 있다. 요즘에는 이러한 인조 미녀를 넘어 전신성형수술로 몰라볼 정도로 완전히 바뀐 미녀를 가리키는 이른바 '짜오메이꽁청造美工程'이라는 신종어까지 등장하였다. 건물을 새로 지을 때나 대형 공사를 할 때 쓰는 용어인 '공정工程'이라는 단어가 '전신을 뜯어 고치는 공사'라는 용어로 쓰일 정도로 부정적인 표현으로 쓰이고 있다. 하지만 실제로는 이를 원하는 사람들이 훨씬 많다는 것이 현실이다.

아름다운 얼굴과 몸매를 가지면 취직, 연애, 결혼 등에서 유리해져 속된말로 팔자를 고칠 수 있기 때문에 최근에

● 슈퍼모델 선발대
회에 참가한 중국
미녀들.

는 이러한 풍토가 지탄의 대상이 아닌 지향
해야 할 시대의 흐름이 되었다. 머리 싸매
고 공부해서 박사학위를 받은 여성보다 성
형으로 예뻐진 여성을 선호하는 사회 분위
기는 비단 우리만의 문제는 아니다. 중국의
성형시장 규모는 연간 약 3,000억 위안(약
50조 원)으로 관련 업계 종사자만 2,000만 명
에 이른다. 지난 10년간 중국의 성형산업
은 매년 40% 이상의 성장률을 보이며 세계
3위의 성형대국으로 부상했다. 외모 지상주
의 열풍이 거세지면서 성형을 받으려는 여
성들도 특정 연예인에서 일반인으로 확대되고 있어 머지
않아 중국이 세계 최대 성형대국으로 부상하는 것은 자명
한 사실이 되어가고 있다. 중국 여성들이 성형을 하려는 이
유는 취업이나 이성 친구를 만나는 데 있어 경쟁력이나 심
리적 자신감이 높아지기 때문이다. 취업과 결혼을 준비하
는 데 외모가 차지하는 비중이 높아지다 보니 20대 여성들
이 성형에 가장 많은 관심을 보이고 있다. 동서양을 막론하
고 아름다워지고 싶은 욕구는 모든 여성의 바람이지만, 지
금 중국 대륙에 불고 있는 성형 열풍은 매우 거세다 할 수
있다.

그렇다면 성형에 대해 그토록 부정적이던 중국인들은
대체 언제부터 긍정적인 시선을 갖게 됐을까? 그 시작은

2003년 베이징의 한 성형외과가 내건 무료 전신성형수술 이벤트로 보고 있다. 2000년대까지만 하더라도 중국에서는 성형으로 아름다워지는 여성들을 비난하거나 질타하는 목소리가 거셌다. 이런 사회적 분위기를 바꾸고자 기획된 것이 바로 무료 성형 이벤트였다. 이 이벤트는 매스컴을 통해 대대적으로 보도되었고 병원에서는 지원자 중에 하오루루郝璐璐라는 26세의 여성을 뽑아 수술을 받게 하였다.

하오루루는 7개월에 걸쳐 14군데의 성형수술을 받았고, 이 전 과정이 언론을 통해 공개됨으로써 '중국 최초의 인조미녀'로 인정받았다. 그녀는 언론의 조명을 받으며 많은 비난과 비판을 받아야 했지만, 수술 후 바뀐 하오루루의 인생이 조명되자 성형에 대한 부정적인 시각도 많이 바뀌게 되었다. 베이징 지질대학 출신에 영국에서 석사학위까지 받은 그녀는 수술대에 오른 후, 남자들의 시선을 끄는 인생을 살게 되었다. 그녀는 수술 이후에 보석감정사 직업은 그만두고 전국의 성형외과 광고 모델로 활약하게 되었고, 부호들

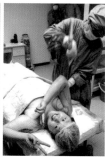

● 수술실에 들어가고 있는 하오루루. 이 수술 이후 중국 최초의 인조 미녀라는 타이틀을 얻게 되었다.

● 전신성형 이후 하
오루루의 인생은
확연히 달라졌다.

과 어울리는 인생을 살게 되었다. 현대 의
학이 발전하면서 아름다워지고 싶은 인간
의 미적 욕망도 현실화되었고 만들어진 외
모로도 인생 역전을 꿈꿀 수 있는 기회가
생기면서 중국 여성들은 자신을 변화시키
는 것에 대한 두려움을 떨쳐낼 수 있게 되
었다. 아름다워지고 싶은 것은 분명 인간의
기본적인 욕구다. 외모가 경쟁력이라는 사
실도 부인하기는 어렵다. 하지만 하오루루
의 사례는 외모 지상주의가 만연해진 중국
사회에서 아름다움이 어떠한 가치를 갖게
됐는지를 설명해 주고 있다.

미녀 찾기 열풍

1949년 공산정권이 들어선 이후 마오쩌둥은 '부르주아적
몰상식'이라며 모든 미인대회를 금지했었다. 당시에는 미인
대회가 여성의 외모를 평가해서 상품으로 치부하는 자본주
의의 상징이라고 생각했다. 그랬던 중국이 지금은 세계에서
가장 많은 종류의 미인대회를 개최하는 나라가 되었다. 각
선미美腿 선발대회, 고대미녀선발대회, 비키니 미인대회뿐
만 아니라 심지어 성형 미인대회까지 개최하고 있다. 개혁

개방 이후 자본주의적 가치관
들이 중국사회에 뿌리내리면
서 각종 미인대회가 우후죽순
생겨나고 있지만 너무 과도할
정도로 심하다는 지적이 많
다. 당 내부와 사회단체에서
도 이에 대한 비판이 많지만,
시장경제가 도입되면서 미美

● 중국 각지에서 개
  최되고 있는 성형
  미인 선발대회.

를 자원으로 한 경제적인 가치가 창조되는 마당에 이를 비
난하는 것은 시대착오적이라는 반론이 오히려 더 거셌다.

　실제로도 여성의 아름다워지고 싶어 하는 욕구를 바탕
으로 형성된 화장품과 패션, 미용, 성형산업이 새로운 성장
동력으로 부상하고 있는데 이를 부정하는 것은 쉽지 않았을
것이다. 결국, 자본주의 시장경제의 물결은 중국의 모든 금
기를 깨고 문을 열게 만들었다. 지금은 1993년 전국 미인대
회가 처음 개최된 것을 시작으로 2004년에는 미스월드와 여
러 국제적인 미인대회까지 정부가 앞장서서 미인대회를 유
치하고, 국영방송이 생중계를 할 정도다.

　중국 여성들에게도 미인대회는 부와 명예를 동시에 획
득할 수 있는 기회로 인식되고 있다. 수상 경력이 연예계로
진출하거나 취업, 결혼 등에서도 유리하니 각종 미인대회에
참가하려는 사람의 수가 더욱 증가하고 있다. 심지어 기업
관계자들이 인재를 찾는다며 미인대회를 개최하기도 하니

• 현대판 서시가 탄생했다며, 연일 주목받았던 이 여성은 네티즌뿐만 아니라 언론에게도 큰 관심을 받았다.

너무 외모 지상주의 사회로 빠져드는 건 아닌지 우려스러울 정도다.

외모에 대한 관심은 이제 일반인들을 대상으로 한 얼짱 열풍으로까지 확대되었다. 2014년 중국의 인터넷을 달구었던 한 장의 사진은 중국의 4대 미녀 중 한 명인 서시西施가 환생했다며 연일 화제였다. 청순한 미모와 화장기 없는 얼굴로 네티즌들의 이목을 끈 이 여성은 방학을 맞아 부모님의 사탕수수 주스 만드는 일을 돕는 중이었다고 한다. 그러나 인터넷에 사진이 올라오면서 중국 언론들이 이 여성의 정체를 찾아 나섰고 찾아오는 손님들로 북적였다고 한다.

심지어 죄를 지은 여자 죄수에게는 죄질과는 관계없이 단지 외모만으로 동정하는 풍토가 만연해 **'죄를 지어도 벌하고 싶지 않은 외모 지상주의'**의 문제점을 여실히 드러내었다. 한국도 얼짱 강도를 선처하라는 여론이 있었고, 노르웨이에서는 잘생긴 죄수가 보통 죄수보다 평균 20%나 가벼운 형을 받는 걸로 조사됐다니 미녀무죄, 추녀유죄가 비단 중국만의 문제는 아닌 듯하다.

다른 한편으로는 얼짱 열풍으로 야기된 관심이 좋은 결

과를 낳기도 했다. 남자의 경우였지만, 2010년
중국의 각종 온라인 커뮤니티와 SNS 등에서는
연일 꽃거지가 화제였다. 정신질환을 앓던 한
남자가 걸인 생활 중에 우연히 카메라에 포착
되면서 사회와 언론의 관심을 받게 된 것이다.
국민적 성원과 관심 덕분에 정부 관계자까지
찾아와 구호를 해주었고 잃어버렸던 가족도 다
시 만날 수 있었다. 걸인일지라도 잘생긴 외모
덕분에 대중과 미디어의 관심을 받는 현실은
다소 씁쓸하지만 가족과 직업을 찾았다는 점에
서는 분명 해피엔딩이었던 사건이었다.

● 중국 네티즌들의
관심을 끌었던 미
녀 죄수들

중국 네티즌들의 얼짱 찾기 열기는 끊임없
이 얼짱을 찾아내 스타로 만들어 내는 한국의
네티즌을 닮아가고 있다. 한편으로는 성형 열
풍의 반대적인 평범하면서도 때 묻지 않은 순
박한 미인들을 찾아내고 싶은 바람이 반영된
것일지도 모른다. 그러나 인터넷 공간이 오히
려 외모 지상주의를 부추기는 또 하나의 통로가 되고 있는
것은 아닌지 생각해 봐야 한다. 이미지 중심의 현대 사회에
서 외모도 능력으로 치부될 수 있지만, 모든 것을 너그러이
봐줄 정도로 얼짱 열풍이 확산되는 것은 분명 경계해야 할
문제다.

● 청궈룽(程國榮)이
라는 이 남자는 우
연히 카메라에 찍
힌 후 주변의 관심
을 받게 되었고 결
국 가족을 찾을 수
있었다.

외모 지상주의의 폐해

외모를 중시하는 사회로 변모하면서 겉모습만으로 사람
을 판단하는 '외모 지상주의'에 빠져있는 것이 요즘 중국의
현실이다. 중국의 『중국 청년보中國靑年報』는 2010년 2,560명
을 대상으로 성형 및 외모에 대한 설문조사를 실시한 결과
를 다음과 같이 발표했다.

'성형이 유행하는 이유'에 대해(복수 응답)

71.5%가 "외모로 사람을 판단하는 사회 풍토 때문"

49.4%가 "외모를 바꾸면 인생을 바꿀 수 있다고 믿기
때문"

47.7%가 "자신감이 부족해서"

44.7%가 "개방적인 마인드로 성형을 두려워하지 않기
　　　때문"

　이 조사에서 보듯이 외모를 가꾸는 것은 심리적인 자기
만족을 넘어 사회적 풍토가 성형을 부추기기 때문인 것으로
보인다. 외모에 대한 만족도가 높은 사람들은 외모 만족도
가 낮은 사람들보나 사회 활동에 석극석이고 안정감을 보이
곤 한다. 하지만 여성들의 아름다운 외모 추구가 여러 사회
문화적인 영향력이나 언론 매체를 통해 강요되고 있는 것은
아닌지 생각해 봐야 한다.

　또 다른 여론조사기관에서는 **'어떠한 사람이 아름답다
고 생각하는가'**라며 미의 기준을 묻는 조사를 한 결과 다음
과 같았다.**(복수 응답)**

67.3%가 "외모가 아름다운 사람"
47.3%가 "권력이 있는 사람"
46.4%가 "재력이 있는 사람"
41.3%가 "유명한 사람"
39.1%가 "내면이 아름다운 사람"

　"내면이 아름다운 사람"을 꼽은 비율은 최하위인 39.1%
에 불과했다.

이와 같은 사회적 인식에서도 알 수 있듯이 인간의 내면적 속성보다는 외면의 아름다움만을 높게 평가하는 사회가 과연 건강한 사회일까? 불과 10년 전까지만 하더라도 내면의 아름다움을 진정한 미의 기준으로 보았던 중국사회가 인식의 변화를 한 이유는 무엇일까? 그것은 미디어의 영향력과 심화되고 있는 사회 경쟁에서 파생된 것으로 보인다.

일반화의 오류일 가능성은 있지만, 중국 모 대학 학과 학생들을 대상으로 한 설문조사의 결과는 매우 흥미롭다. 조사에서는 "아름다운 사람이 취업이나 사회 교류에서 더 유리할까?"라는 질문에 여학생은 100%가 "그렇다."고 답했고 남학생은 87%가 "그렇다."고 응답했다. 또한 "성형수술 의향이 있는가?"라는 질문에서는 여학생의 13%만이 "싫다."고 답했고 67%는 "가능하다."라고 응답했다. "친구가 성형수술을 하는 것에 대해서"는 여학생의 87%가 "상관 않는다."고 대답해 과거와 비교했을 때 인식 변화가 매우 큰 것으로 나타났다. 실제로도 중국에서는 성형수술자 가운데 24.4%가 대학생일 만큼 많은 젊은 세대들은 외모를 개선하는 데 거리낌이 없다.

그러나 이러한 사회적 인식의 변화가 가져다주는 후유증도 적지 않다. 또 하나의 성형대국으로 떠오르고 있는 중국에서도 하루가 멀다 하고 성형과 관련된 논란이 터져 나오고 있다. 취업에 어려움을 겪던 여성이 자신의 신장을 팔아 성형수술을 하려고 했고, 2010년에는 대중가수 선발대회

프로그램 「차오뉘超女」에서 가창력을 인정받았던 왕베이王貝가 성형수술 도중 사망해 중국사회에 충격을 주기도 했다. 이에 대해 중국 사람들은 '외모 지상주의가 만든 병폐'라는 반응을 보였지만, 매년 성형수술을 하는 사람은 300만 명이 넘을 정도로 증가하고 있다.

● 중국의 쓰촨(四川)성의 TV 프로그램을 통해 연예계에 데뷔한 왕베이는 깜찍한 외모와 가창력으로 스타덤에 올랐으나 얼굴 성형수술을 받다가 사망했다.

　　외모를 중시하는 문화를 새로운 산업적 가치로 측정하기도 하지만, 외모의 기준이 떨어지는 사람을 차별 대우 하는 풍조가 만들어진다는 점에서 더 심각한 문제를 야기한다고 할 수 있다. 상업주의와 대중매체가 만들어 놓은 외모를 기준으로 내적인 아름다움은 무시하는 비정상적인 사고는 건강한 사회를 지향하는 데 있어 매우 부정적인 사고방식이다. 최근에 범람하고 있는 TV 광고나 각종 미녀선발대회가 중국인 자신도 모르게 미美의 기준을 강요하는 것인지도 모른다. 아름다움의 기준은 지극히 개인적인 것이고 미美의 기준으로 차별을 양산한다면 그 사회를 건강한 사회라고 할 수 없을 것이다.

5

욕망과 혼돈의
부동산 시장

UNVEILED FACE OF CHINA

중국 전체 영토의 면적은 약 960만㎡로 러시아와 캐나다에 이어 세계에서 세 번째로 넓다. 그 크기만으로 보면 한반도 면적의 44배에 달하고 유럽 전체 면적과 비슷하다. 그러나 중국의 지형을 살펴보면 산지가 33.33%, 고원이 26.04%, 구릉이 9.9%, 분지가 18.75%, 평원이 11.98%로 산악지대가 전 국토 면적의 2/3이상을 차지하고 있다. 건조와 반건조 지대는 국토의 절반 이상으로 전 국토의 10% 정도만 경작지로 활용되고 있다. 이처럼 영토 면적에 비해 사용 가능한 공간이 협소한 토지의 희귀성 때문에 토지 공급에 비해 수요가 많은 실정이다.

1949년 사회주의 국가를 건설한 중국은 소련식 토지제도를 도입했다. 소련식 토지제도는 토지매매와 같은 상품화의 개념을 배제한 것으로 공유제를 기초로 하는 방식이었다. 소련식 모델을 도입한 이후 토지는 국가나 집체가 공동으로 소유하는 방식으로 전환되었고 개인은 토지를 사용할 권리만 분배받았다. 토지공유제는 빈부 격차나 사회적 불평등 문제를 해소하는 하나의 방식으로서 사회주의 국가의 정체성을 상징하는 것이었다. 개혁개방 이후 중국이 모든 문호를 개방했음에도 불구하고 토지개혁에 소극적이었던 것도 토지공유제가 사회주의 국가를 표방하는 민감한 사안이었기 때문이었다. 그러나 개혁개방이 시작된 이후 토지의 효율적 이용이라는 실용주의적 관점이 대두됨에 따라 토지제도 개혁의 필요성이 제기되었다. 결국 폐쇄적이었던 중국의 토지제도는 개혁개방 이후 점진적인 변화를 맞이하게 된다. 토지의 최종 소유권을 국가가 갖는 기본원칙에는 변함이 없었지만, 개인이 국가로부터 획득한 사용권을 타인에게 양도할 수 있는 근거가 마련됨으로써 실질적인 토지 거래가 가능해졌다.

　토지 거래가 시장에 맡겨진 이후 중국의 부동산 시장은 빠르게 발전했다. 특히 2001년 WTO 가입 이후 부동산을 규제하던 각종 법규가 철폐되면서 외국인 투자가 확대되었고 기업이나 개인투자자들까지 가세하면서 부동산 시장은 호황기를 맞기 시작했다. 그러나 경제성장을 끌어올리기 위해 정부가 과도한 개입을 하면서 부동산 시장이 과열되는 현상도 나타났다. 2008년 미국발 금융위기의 여파가 미치자 중국 정부는 도로, 철도, 항만, 공항 등의 인프라 시설에 투자해 경기를 부양했다. 막대한 자금과 인력이 투입되는 대규모 건설 사업을 통해 경기침체를 극복하고자 한 것이다. 이러한 정책이 침체된 경기를 회복시키고 경제성장률을 방어하는 데는 성공했지만, 부동산 시장의 과열과 거품이라는 후유증을 만들어 냈다. 이에 따른 집값 상승의 여파는 저소득계층에게 심각한 부담을 주고 있다. 인구 유입과 도시화율의 추세로 볼 때 중국의 주택 가격이 상승하는 것은 불가피해 보인다. 그러나 소득 수준에 비해 부동산 가격이 너무 과도할 정도로 높다는 지적이 많다. 최근 중국의 양극화 문제가 심화되는 것도 부동산 가격 상승의 영향이 크다고 볼수 있다.

토지공유제 시대 ─────────────

중화인민공화국 건국 이후 중국의 부동산 정책은 지주들의 토지를 몰수하여 농민들에게 분배해 주는 사회주의식 토지정책이었다. 건국 이전 중국공산당은 인구의 대부분을 차지하고 있는 농민들의 지지를 구해야 했고 토지분배는 국공내전 시기 농민들과의 약속이었다. 중국공산당은 사유재산으로 인한 빈부 격차나 투기, 사회적 불평등 문제를 해결하고 경제적인 평등을 실현할 수 있는 수단이 토지의 공유

● 건국 초기 빈농
들은 중국공산당
의 지시에 따라 지
주들의 토지 문서
를 모조리 불태우
고 토지를 분배받
았다.

제라고 생각했다. 이러한 인식하에 토지를 국가 소유로 전
환하는 것은 사회주의 국가를 건설하는 데 매우 필연적인
과정이었다. 건국 이후 중국공산당은 인민정치협상회의에
서 '봉건, 반봉건 토지소유 제도를 농민을 위한 토지소유제
로 전환한다'고 결정하며, 국민당 정부와 지주들이 소유하
고 있던 토지를 즉각 몰수하는 토지개혁을 단행하였다. 몰
수한 토지는 농민에게는 무상으로 분배되어 사용할 수 있도
록 하였고, 도시의 토지를 사용하는 단위單位와 개인에게는
토지 임대료나 토지 사용료를 징수하는 방식으로 임차하였
다. 당시의 헌법에는 '어떤 조직이나 개인이 토지를 점유,
매매, 임대 및 불법 양도 할 수 없다'고 명시하고 있어 토지
의 개인 소유는 금지되었다.

1953년에 이르러서는 전국의 모든 토지가 국가로 귀속되
어 토지는 어떤 개인이 소유하는 것이 아니라는 공유제의

개념이 완성되었다. 이 시기부터 토지 사용자는 토지에 대한 소유권이 없었고 단지 토지의 사용권만을 가지게 되었다. 그러나 농민들에게 분배했던 토지는 1958년 시작된 '대약진 운동'과 함께 인민공사에 흡수되었고 농민들은 집체集体: 집단 소유라는 개념으로 토지를 공유하게 되었다. 이러한 단계를 거쳐 토지는 국가와 집체 소유로 전환되었고 경제적인 측면에서는 정부 주도의 계획경제를 실시할 수 있는 바탕이 마련되었다.

부동산 시장을 장악한 중국 정부는 곧이어 국가 주도의 주택 건설을 실시하였고 복지 차원에서 주택을 무상 분배하였다. 엄밀히 말하면 완성된 주택은 국유기업이나 집체기업에 분배되었고 이들 단위가 무상 또는 낮은 임대료를 받고 직원에게 주택을 공급하는 방식이었다. 계획경제 시기 낮은 급여 수준에도 불구하고 식량이나 주택이 기본적으로 공급되었기 때문에 사회주의 계획경제가 정착될 수 있었던 것이다.

토지사용권 조정

1978년 개혁개방이 시작되면서 총 3가지의 원인에 의해 토지사용권에 대한 재정비 필요성이 대두되었다.

우선 첫째, 농촌 지역에서 '농가생산책임제'가 실시됨으로써 토지경작권이 인민공사에게서 각 농가로 배분되었다.
농업·농촌 문제를 해결하기 위해 실시된 농가생산책임제는
농민이 정부로부터 임대한 농지에 대한 사용권, 즉 사실상
의 소유권을 인정하는 제도로서 토지에 대한 사용권을 양도
할 수 있는 근거가 되었다. 토지에 대한 최종 소유권은 정
부에게 있었고 농민은 30~50년간 사용권을 인정받았는데,
님은 사용 기간을 타인에게 양도할 수 있었기 때문에 사실
상 토지매매가 가능해졌다.

둘째, 무상 또는 낮은 임대료를 받고 주택을 공급하는
방식에도 한계가 생기기 시작했다. 정부가 공공주택을 낮은
가격에 공급한다는 취지는 좋았으나 재정 수입 감소로 건설
에 필요한 자금이 부족해지면서 주택의 품질이나 공급에 문
제가 생겼다. 따라서 개혁개방과 함께 주택을 상품화하는
방안은 정부의 재정 부담을 경감하고 주택 공급을 확충할
수 있는 방법이었다.

셋째, 1982년 경제특구가 지정되면서 외국기업에게 공장
부지를 제공해야 했는데, 기존의 공유제 방식으로는 토지를
제공할 수가 없었다. 국가 소유의 토지를 외국인에게 임차
해주기 위해서는 이에 대한 법적 근거가 필요했다.

이러한 원인으로 중앙정부 차원의 토지사용권에 대한
법규 제정이 마련되었다. 우선, 경제특구지역에 대해서는
'중화인민공화국 중외합작기업경영법中華人民共和國中外合作企業
經營法'이 통과되면서 외국기업에 제공되는 토지는 임차비를

● 개혁개방 초기 선
전경제특구를 중
심으로 토지와 주
택이 시장화되면
서 건설 붐이 일기
시작했다.

받는 조건으로 임대해 주었다. 1988년에는 헌법에 삽입되어
있던 '어떤 조직이나 개인이 토지를 점유, 매매, 임대 및 불
법양도 할 수 없다'라는 규정을 수정해 '국가가 국유토지의
유상양도를 실행한다'고 명시하였고, 1990년 국무원이 '토
지사용권이 설정, 양도, 임대, 저당될 수 있다'고 규정함으
로써 중국의 부동산 시장 제도는 빠르게 개혁되었다. 토지
의 국가 소유에서 상품화로의 변혁은 토지의 사회주의식 제
도에서 자본주의식 제도로의 전환을 의미하며, 토지가 상품
화되었다는 것은 중국 경제에 있어서 대대적인 변화가 시작
될 것임을 시사했다.

부동산의 상품화

개혁개방 이후 사회주의 계획경제에 자본주의적 개념이
도입되면서 부동산 또한 상품화의 길을 걷게 되었다. 우선

경제특구가 건설된 연안개방도시들은 외국기업의 토지 사용 비용을 징수할 법률 마련과 함께 근로자들을 위한 분양주택商品房 건설을 국가 계획에 포함시켰다. 이를 근거로 선전경제특구는 1982년 토지등급에 따라 토지 사용료를 징수하였고 1987년에는 토지사용권 양도를 가능케 하였다. 이를 계기로 선전 지역은 중국에서 가장 먼저 토지사용권 양도가 이루어졌다. 구체적인 방법은 국가가 토지 사용 기간을 규정하고 토지 사용 비용을 완납하면 토지사용권의 양도와 저당 행위를 인정해주는 방식이었다. 토지의 최종 소유주는 국가로 하되 사용권에 대한 판매가 가능해졌다는 측면에서 토지가 시장의 변동에 따라 가격이 결정되는 상품화가 되었다는 것이다.[1]

1991년에는 공공주택을 판매할 수 있도록 하는 주택개혁 법안이 통과됨으로써 주택을 화폐로 환산하는 기반을 마련하였다. 당시 공공주택을 소유하고 있던 국유기업들은 심각한 재정난에 처해있었다. 과도한 복지 비용 지출과 생산성 저하로 어려움을 겪고 있던 국유기업들은 90년대에 들어 적자 해소를 위해 자산을 매각하였는데, 1991년에 주택개혁 법안이 통과됨으로써 자신들이 소유하고 있던 공공주택을 거주자(근로자)에게 판매할 수 있었다. 이와 함께 은행권에서도 토지와 주택에 대한 대출제도가 마련됨으로써 주택 및

---

[1] 토지사용권은 용도에 따라 다르게 부여 되었다. 주거용 토지는 70년, 상업용지는 50년 등으로 설정되었지만, 지방정부의 정책에 따라 달라질 수 있었다.

● 주택이 자산을 늘리는 한 방식이 되면서 분양주택 모델하우스는 연일 사람들로 북적이기 시작했다.

부동산의 상품화는 가속화되었다. 토지의 사용권 양도 및 주택에 대한 화폐가치 인정은 토지와 주택이 단순한 거주나 사용의 문제가 아니라 개인 자산의 축적 방식으로도 악용될 수 있음을 의미했다. 중국의 개혁개방 과정에서 부작용으로 나타난 문제는 경제성장과 더불어 물가상승과 사유재산의 상징인 부동산 가격 인상이다.

계획경제 시기 복지 차원에서 제공됐던 주택 공급은 1998년 중지되었고 상품주택(분양주택)이 시장에 풀리면서 주택이 소비 대상으로 부상하게 되었다. 개혁개방 이전에는 볼 수 없었던 부동산에 대한 소유욕은 개혁개방 이후 부동산을 재산 형성의 가장 중요한 요소로 인식하는 자본주의식 사고가 등장하면서 부동산 시장을 과열시키는 원인이 되었다. 부동산 시장의 공급 과잉 또는 수요의 증가는 가격 상승을 기대한 투기에 의해 이루어지고 있어 부동산 가격을 상승시켰다. 부동산 가격 상승은 물가상승과 빈부 격차 등

의 문제를 함께 야기하고 있어 토지의 상품화는 경제 발전
이라는 기회와 사회문제 대두라는 과제를 남기게 되었다.

부동산 시장 과열 현상 ──────

개혁개방 이후 중국 경제는 연평균 8%대의 높은 성장률
을 보이며 초고속 성장을 이뤄냈다. 중국의 눈부신 경제성
장은 건설업의 성장과 궤를 같이한다. 정부의 주택 공급 확
대 정책, 국민 소득 증가, 도시화에 따른 주택 수요 상승은
낮은 이자율, 주식시장 격변, 해외투자 금지정책 등과 맞물
려 부동산 가격을 가파르게 상승시켰다. 중국 정부는 부동
산 시장이 경제를 이끌어 갈 견인차 역할을 할 것으로 인식
했다. 대규모 건설 사업이 수많은 일자리를 창출했고 막대
한 자금이 시장에 풀리면서 국내 경기를 활성화시킬 수 있
을 것으로 기대했기 때문이다.
2007년부터 시작된 미국 금융
위기에 대한 대응으로 다양한
규제를 완화한 것도 부동산 개
발에 영향을 미쳤다.

● 부동산 재개발 붐
이 불면서 도시 중
심의 오래된 주택
들은 모두 철거 대
상이 되었다.

2009년 중국의 부동산 개발
시공 면적은 31억㎡이었으나
2013년에는 2배가 넘는 66억㎡

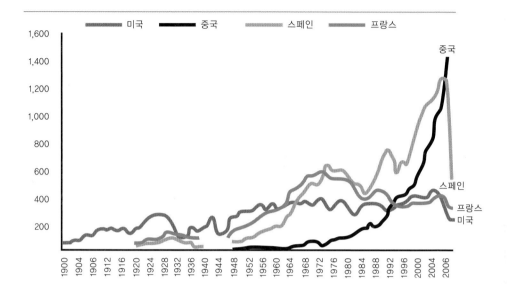

국가별 1인당 시멘트 소비량(단위: kg)

자료출처: MACRO BUSINESS, 〈SocGen on China's construction bubble〉,
(http://www.macrobusiness.com.au/2011/06/socgen-on-chinas-
construction-bubble/)

● 건설 붐이 일면서
중국의 시멘트 소
비량이 세계 최고
를 기록하기 시작
했다.

으로 크게 확대되었다. 이 정도의 시공 규모는 서울시를 매
년 10개나 건설하는 면적으로 전례 없는 건설 붐은 노후화
된 주택과 건물을 철거하고 부족한 인프라 시설을 확충하는
데 집중되어 있다. 이로 인해 2006년 이후 중국은 1인당 연
간 시멘트 소비량이 세계 최고 수준에 달하게 되었다. 문제
는 부동산 가격이 너무 과도하게 상승했다는 점이다. 부동
산 시장이 과열되면서 과잉 공급과 수요 증가가 반복되어
부동산 시장 가격이 정상적으로 이루어지지 않는 현상이 발
생하였다.

　이같은 현상은 대도시의 주택 수요 급증과 투기 수요
가 늘어나면서 발생한 것으로 베이징의 경우 2000년 1㎡당
평균 주택 가격이 3,000위안이었으나 2009년 이후에는 최
저 3만 위안까지 올랐다. 베이징의 3환三環과 4환四環 사이
에 있는 하이뎬구海淀區의 아파트 가격을 예로 들어보면 이
지역은 2000년까지 ㎡당 4,000위안에 거래되던 곳이었으
나 2006년 8,000위안으로 급등한 이후 그 다음해인 2007년
에는 13,000위안까지 치솟았다. 2008년 미국 금융위기의 여
파로 가격이 소폭 하락하기는 했지만, 중국 정부가 침체되
는 경기를 부양하기 위해 규제완화와 금리 인하를 단행하면
서 2009년부터는 가격이 다시 치솟아 2010년에는 34,000위
안까지 급등했다. 베이징 중심지의 경우는 더 심각해서 ㎡
당 4,300위안이었던 아파트 가격은 2010년 평균 55,000위안
까지 올랐다. 이 같은 가격 급등에 의해 베이징이나 상하이
와 같은 대도시의 주택 가격은 이미 미국의 맨해튼과 일본
도쿄의 주택 가격을 상회하는 수준까지 올랐다. 소득 수준
은 이 두 국가의 1/10이 안 된다는 점에서 중국 대도시의 주
택 가격은 상당히 높은 수준이다. 이를 농민공 소득으로 따
져보면 3년간의 소득을 모두 모아야 겨우 1㎡를 살 수 있을
정도다.

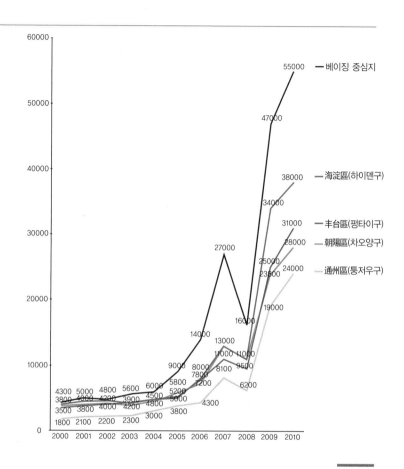

베이징 주요 지역 아파트 가격 변동률 (단위: 위안/㎡)

자료출처: 百度文庫: 2000年至2010年北京房价走势圖에서 정리

　　세계은행은 PIR지수[2]를 소득대비 5:1이 가장 합리적인
것으로 보고 있는데, 미국은 3:1, 일본은 4:1 수준이지만,
중국은 평균 10~20:1에 달한다. 심지어 대도시의 고급 주
거지역은 이미 40:1에 달하고 있어 매우 심각한 수준이다.

　　주택 가격이 시장에 맡겨진 이후 중국의 부동산 가격은
가파르게 상승해 전국의 실질주택 가격은 41%나 폭등했다.
중국의 주택 가격이 상승하는 원인 중의 하나는 바로 토지

───────

2 연간 소득분의 구입 가능한 집값을 PIR지수라고 한다. 적정 가격은 소득
　의 5배, 즉 5년간의 소득으로 주택 구입이 가능한 경우를 일반적인 기준으로
　한다.

중국의 100㎡ 아파트 구입에 소요되는 시간(10대 주요 도시)

　자료출처: 『월스트리트 저널(Wall Street)』(wsj.com)

● 치솟는 집값 상승으로 서민들의 근심은 늘어만 간다.

가격의 급등이다. 베이징의 토지 가격은 연간 100%씩 상승했다. 2007년 이후 베이징, 광저우, 항저우, 둥관, 난징 등지에서는 건축 토지 가격만 1m²당 1만 위안이 넘는 토지가 등장했다.

더욱 심각한 문제는 주택 가격 상승뿐만 아니라 소득에서 지출되는 임대료 비율도 사상 최고 수준에 이르렀다는 것이다. 주택 가격이 상승함에 따라 중국의 주요 도시 8곳의 임대료도 3년간 30% 이상 상승했다. 2000년대 중반 들어 중국의 소득 수준이 상승한 것도 대도시 주택 가격과 임대료 증가와 맥을 같이 한다. 그러나 문제는 소득 수준 대비 임대료의 상승폭이 더 크다는 점이다. 2006년부터 2013년까지 베이징 직장인의 전체 급여 인상률은 92%였으나 임대료는 127%나 상승했다. 급여 인상률보다 임대료 인상률이 더 높은 상황이어서 일반 직장인들의 생활고는 더 가중될 수밖에 없다. 베이징의 임대료가 꾸준히 오르고 있는 원인으로는 베이징으로 유입되는 외지 인구는 꾸준히 증가하고 있지만 부동산 시장에 풀리는 신규주택 공급이 부족하기 때문이다. 베이징에만 매년 30만 명의 외지 인구가 유입되고 있지만 매년 새로 완공되는 신규주택은 8만 채에 불과하고 서민주택은 10만 채가 되지 않는다. 상황이 이렇다보니 임대료가 계속 오를 수밖에 없다.

베이징 직장인 급여 인상률과 임대료 인상률 비교

(단위: 元[위안])

연도	월평균 급여	인상폭 %		월평균 임대료	인상폭 %	
2006년	3008元	10%		1862元	20%	
2007년	3322元			2249元		
2008년	3726元	8%	92%	2521元	-4%	127%
2009년	4037元			2416元		
2010년	4201元	11%		2860元	14%	
2011년	4672元			3280元		
2012년	5223元	10%		3748元	13%	
2013년	5793元			4238元		

베이징은 2008년 올림픽 이후 꾸준히 토지 가격 상승이 일어났고 2010년에는 토지 가격이 급등했다. 베이징의 주거용지 토지 가격지수를 보면 2003~2010년까지 토지 가격은 9배나 상승했다. 주택 가격을 상승시키는 원인인 토지 가격 급등 현상은 개발 업체가 토지를 사들인 후 개발을 하지 않

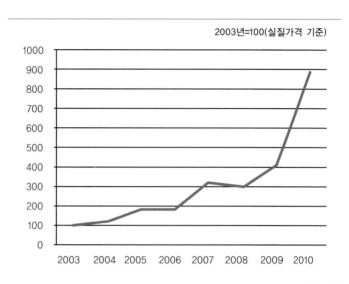

2003년=100(실질가격 기준)

베이징의 주거 용지 토지 가격지수

자료출처: '전례 없는 중국 부동산 거품', 『이코노미 인사이트』, 2010년 9월 1일.

기 때문이었다. 일부 개발 업체는 완공기간이나 판매기간을 연장시켜 신규 주택의 시장 출시 속도를 통제하고 있다. 부동산 가격이 지속적으로 상승하고 있기 때문에 출시속도를 늦출수록 가격이 더 올라가기 때문이다. 꾸준한 수요 증가와 부동산 개발 기업들의 판매기간 연장이 부동산 시장을 과열로 내몰고 있다.

부동산 시장 과열의 원인 ─────────

1) 중앙정부의 경기활성화 정책

중국의 부동산 시장이 과열로 치달았던 이유는 바로 중국 정부의 경기 활성화 정책 영향이 크다. 중국 정부는 1998년 무상주택 제도를 폐지하고 개인이 직접 구매하는 상품주택 제도로 전환하였다. 개인이 상품주택을 쉽게 구매하고 건설업체들이 주택 건설을 확대할 수 있도록 중국 정부는 주택 시장체제, 주택 공급체제, 주택 금융체제 등을 새로 수정하면서 주택신용대출을 확대하고 주택 건설과 소비를 적극 지지했었다. 이로 인해 주택대출 상한액은 주택 금액의 70%에서 80%로 확대되었고 대출기한도 20년에서 30년으로 연장되었다. 주택대출 이자는 8%에서 2%까지 내려가 저이자 주택대출이 가능해지면서 주택 구매 열풍이 불기 시작했다. 이와 함께 부동산 개발 업체에 대해서는 토지 구매와 은행대출에 대한 편의를 제공하였다. 이로 인해 2003년 이후 중국 주요 도시의 주택 가격은 연평균 12%씩 상승하였고 임금상승률보다 주택 가격 상승률이 더 빠른 과열 현상이 나타나기 시작했다.

2004년부터 과열을 억제하기 위한 각종 정책이 나왔지만, 2008년 미국 금융위기의 여파가 중국 경제에 영향을 미치면서 대규모 건설공사를 통한 경기활성화를 시도하자 부동산 가격이 다시 폭등하기 시작했다. 중국 정부는 철도, 항만, 도로, 공항 등의 낙후된 인프라 시설 재건축에 막대한 자금을 투입했고 이것이 경기 불황을 경기호조로 전환하는 역할을 했다. 경기침체를 극복하기 위해 시중에는 경기부양 자금 4조 위안(약 720조 원)을 투입하였고 줄곧 저금리 정책을 펼쳐왔다. 경제성장률이 8~10%를 유지하는 동안 은행 저축이자율은 2~3%선에 불과했다. 저축이자율이 낮은 시기에 수익성이 높았던 부동산에 투자가 몰렸던 것은 어쩌면 당연했을지도 모른다. 국무원 산하 국가발전 개혁위원회 쉬처徐策 연구원과 거시경제연구소의 왕위안王元 연구원은 2009년부터 2013년까지 최소 4조 7,000억 위안(약 850조 원)에서 최대 13조 2,000억 위안(약 2,389조 원)이 생산성 없는 분야에 투자됐고, 전체적으로는 낭비된 투자액만 42조 위안(약 7,602조 원)으로 2013년 중국 전체 투자액의 절반에 해당한다고 분석했다. 부동산 제재를 완화하면서 경기부양에는 성공했지만, 부동산 시장 과열은 심각한 후유증을 낳게 되었다.

2) 지방정부의 경기활성화 정책

지방정부가 GDP성장률을 높이기 위한 가장 손쉬운 방법으로 부동산 개발에 집중한 것도 부동산 시장 과열을 자극했다. 각 지방정부 간에는 GDP성장률에 대한 보이지 않

● 농사짓던 토지를
강제 회수 당한 농
민들이 항의 시위
를 하고 있다.

는 경쟁 심리가 있어 서로 경쟁하듯이 인허가를 남발하며
경기를 부양했다. 지방정부의 입장에서는 부동산을 개발함
으로써 손쉽게 일자리를 창출할 수 있었고 시중자금을 지방
정부로 끌어 모아 경기를 활성화 시킬 수 있었다. 부동산이
많이 개발될수록 지역의 GDP성장률은 높아지고 핫머니와
투기자금이 부동산에 몰려드니 GDP성장률을 높이기에 가
장 용이했던 것이다. GDP성장률을 높이기 위해 지방정부
는 공무원들의 업무 평가를 경제성장률과 연관시켰다. 개발
프로젝트가 성사될 때마다 공무원들에게는 승진과 인센티
브가 제공됐기 때문에 무분별한 인허가가 남발되었다. 공무
원들은 개발 업체들이 은행 돈을 쉽게 융자할 수 있도록 편
의를 제공하거나 토지 수용에 적극적으로 개입했다. 지방정
부가 유상 양도와 개발을 과도하게 추진하면서 농민들의 농
지를 강제 수용하였고 보상과 관련된 각종 충돌이 야기되었
다. 토지사용권의 양도와 토지를 강제 수용당한 농민失地農民
문제가 불거진 것도 지방정부의 과도한 경쟁심과 맥을 같이

한다. 지방정부의 투기 자극과 공무원들의 보이지 않는 경쟁심은 정경유착과 같은 부패의 온상이 되기도 했다.

생활 수준 향상을 기치로 각 지방정부가 지역 개발에 나섰지만, 중복투자와 공급 과잉과 같은 문제, 그리고 환경파괴와 경작지 감소로 이어졌다. 더욱 심각한 것은 이 과정에서 사회적 반목과 불신을 유발하게 되었다는 점이다. 개발 과정에서 나타나는 각종 부동산 관련 문제는 책임 소재가 지방정부에 있다고 보는 시각이 많지만, 근본적인 원인은 지방간의 과다한 GDP성장률 경쟁을 야기한 중앙정부의 정책적 요인에 있다. 현재 중국의 경제성장 방식은 정부가 막대한 재정을 지출해 경기를 부양하는 방식으로 투자에 의한 경제 의존도가 매우 심각한 수준이다. 투자를 줄이지 못하는 것은 투자를 줄일 경우 전체 경기가 하락하는 현상을 야기할 수 있기 때문이다. 이러한 방식의 개발투자가 부동산 시장의 과열을 가져왔고 중국 경제에 잠재적인 문제점이 되고 있다. 부동산 시장에 '거품이 껴 있다'는 우려에도 불구하고 정부가 중국 부동산 시장을 통제하지 못하는 것은 부동산이 경제와 밀접한 연관이 있기 때문이다.

3) 지방정부 세수입과의 연관성

중국의 모든 토지가 국유인 것도 부동산 가격을 상승시키는 원인이다. 1994년 분할세제分稅制가 개혁된 이후 부동산과 관련된 세금은 지방정부의 주요 재정 소득원이 되었다. 2013년 1~6월까지를 살펴보면 전국에서 거두어들인 5조 9,260억 위안의 세수 중 822억 위안이 각종 부동산세[3]에서 발생했고 910억 위안이 토지 장기임대세土地出讓收入에서 거둬들였다. 그 비중도 연간 10%씩 증가하고 있다. 지방정부의 경우에는 그 비중이 더 높다. 베이징은 2013년 상반기 재정 소득 1963억 위안 중 375억 위안이 부동산세에서 발생했다. 재정 소득은 12.7% 증가한 반면 부동산세는 43.7%나 증가했다. 다른 지역의 상황도 마찬가지다. 산둥성도 2013년 상반기 부동산과 관련된 세수 432억 위안 중 53.7%에 달하는 156억 위안이 부동산세에서 발생했다. 따라서 지방정부의 입장에서는 도시화를 앞세워 부동산 개발을 추진하는 것이 재정수익 측면에서 매우 긍정적이었던 것이다.

즉, 부동산 거래가 활성화될수록 지방정부의 세수는 증가하고 토지를 개발하려는 업체가 많을수록 토지거래(토지 장기임대)를 통한 수익도 증대된다.

상하이는 2013년 상반기 토지 장기임대 소득만 693억 위안을 걷어 2012년 동기대비 277%가 증가했다. 항저우는 토지 장기임대 소득 567억 위안을 거둬들였는데 이는 2012년 동기 대비 504%나 증가한 수치다. 지방정부는 토지 장기임대 세수를 확대하기 위해 경매를 통한 방식으로 입찰자들이

---

3 부동산세는 부동산영업세, 기업소득세, 개인소득세, 부동산세, 인지세, 토지부가가치세, 투자방향조절세, 계약세 등 다양하다.

서로 경쟁하도록 유도하고 있다. 입찰자들이 경쟁에 참여하도록 하기 위해 부동산 투자를 위한 대출 전문회사融資平台: 城市發展投資公司까지 설립해 놓았다. 전국 30개 지방정부의 재정 소득 상황을 살펴보면 부동산세와 토지 장기임대세는 이미 지방재정 소득의 40~60%까지 차지하고 있다. 다시 말해 지방정부는 부동산 시장을 통한 '재정수익'의 마법에서 빠져나올 수 없는 상황이 되었다. 부동산 시장이 기침을 하면 지방정부가 감기에 걸린다는 말까지 나올 정도다.

그러나 문제는 지방정부의 세수확대정책 속에 서민들의 고충이 가중되고 있다는 것이다. 지방정부가 경매를 통해 입찰자들을 경쟁시키는 방식은 고스란히 부동산 판매 가격에 반영된다. 중국의 주택 가격이 고공 행진을 하는 이유 중 하나가 바로 이것이다. 결국, 집값의 폭등은 소비자들이 떠안게 되어 소위 '집의 노예房奴: 팡누'나 '달팽이 집蝸居'에서 살아야 되는 서민들을 양산하게 된다.

집의 노예, 달팽이 집 그리고 개미족 ────

국제금융기구IMF가 발표한 세계에서 부동산 가격이 가장 높은 도시 순위에 베이징이 뉴욕, 런던, 도쿄 등을 제치고 1위에 등극했다. 베이징은 PIR 지수가 22.3배로 베이징 근로자가 22.3년 치 소득을 모아야 집 한 채 값을 마련할 수

있다. 베이징의 중심의 30년 된 66㎡ 아파트 가격도 260만
위안(약 4억 4천만 원)이 넘어 근로자 30년 치 연봉과 맞먹는
다. 연봉을 열심히 모으더라도 그동안 주택 가격은 또 오를
테니 이를 놓고 보면 중국 가정의 85%는 이미 주택 구매 능
력을 상실했다고 볼 수 있다.

미국의 경우 주택담보 대출금 상환액이 가처분 소득
의 9%에도 못 미치는 반면 중국인들은 가처분 소득의
30~50%나 된다. 한국의 '워킹푸어'와 같은 개념인 '치웅
망주窮忙族'와 '주택대출의 노예'라는 뜻의 '팡누'라는 용어
가 중국에 등장한 것도 중국의 주택 가격이 그만큼 높다는
사회적 현상을 방증한 것이다. 일반인들은 100만 위안이 넘
는 주택을 사기 위해 급여의 대부분을 부동산 대출을 갚는
데 써야 하는 것이 현실이다. 팡누는 은행 대출로 내 집 장
만을 한 중국인들이 대출 이자 부담에 허덕이는 중국사회의
어두운 단면을 보여주는 현상이다.

● 낡고 좁은 달팽이
　집과 높은 집값에
　항의하는 퍼포먼스

이러한 상황에 따라 2008년 이후에는 대도시의 높은 주택 가격을 피해 임대료가 저렴한 외곽 지역으로 이동하는 현상도 나타나고 있다. 이렇게 도시 외곽으로 밀려나 단칸방에 모여 사는 사람들을 개미족蟻族이라고 한다. 이들이 사는 집을 개미집이나 달팽이집이라고 부를 정도로 낡고 좁지만 이마저도 부담스러워 임대한 방을 여러 명이 나누어 쓰고 있다. 개미집이나 달팽이집이라는 말을 통해 중국의 살

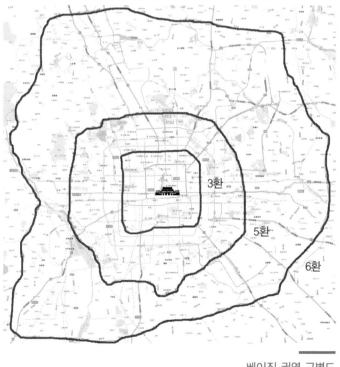

베이징 권역 구별도

자료출처: 바이두 지도(http://map.baidu.com)

인적인 임대료와 주택 가격을 짐작해볼 수 있다.

〈중국청년발전보고 2013〉에 따르면 베이징에만 약 16만 명의 개미족들이 거주하고 있으며 월 평균 소득은 4,133위 안이다. 이들이 거주하는 단칸방의 평균면적은 우리의 2평에도 미치지 못하는 6.4㎡에 불과하다. 그럼에도 불구하고 월세를 아끼기 위해 타인과 공동 거주하는 비율이 절반에 가까운 41.3%나 되었다. 보고서에서는 개미족들의 약 30%가 정부가 자신들에게 정책상의 우대 혜택을 제공해야 한다고 답변했으며, 60%는 저가의 임대주택을 분양받길 희망하고 있었다.

2010년의 조사를 보면 이들의 거주지는 대부분이 도시와 농촌의 경계 지역인 3환三環과 6환六環에 집중되어 있었다. 그러나 베이징의 건설 붐이 지속되면서 이 지역의 거주 인원은 크게 줄어들었고, 현재는 대학 주변의 고시촌이나 농민공 밀집지에 해당하는 6환까지 밀려났다. 높은 주거 비용에 취약한 계층들이 도시 외곽으로 밀려나고 있는 형국이다. 2011년부터 저소득 계층을 위한 저가의 임대주택 3,600만 채가 건설되고 있으나 1인당 10㎡를 기준으로 하고 있고 정부의 보조금도 32~62위안에 불과해 정책이 성공할 수 있을지는 불투명하다.

유령 도시鬼城 ─────────────────

　달팽이집, 주택대출의 노예라는 말이 유행하고 있지만 역설적이게도 최근에는 아파트 공실률 논란이 거세다. 중국전력공사가 6개월간 전기 사용량이 전혀 없는 가구를 조사한 결과 전국에 6,450만 가구의 전력 소모가 전혀 없는 것으로 나타났다. 집만 있고 사람은 없는 유령 도시鬼城들은 네이멍구, 허난, 정저우, 정둥, 랴오닝, 장쑤 등 중국 전역에 수십 곳이나 있다. 2013년에만 12곳의 신도시가 유령 도시로 등장했다. 유령 도시는 지방정부들이 수요 등을 고려하지 않고 거액을 투자해 신도시를 건설한 데 따른 것이다. 부동산 시장 과열로 투기가 늘어나면서 신규 분양은 아파트 완공 전에 매진되지만 평균 입주율이 30~40%에 불과한 현상이 발생하는 것이다. 도시 외각 지역에 형성된 신도시는 더욱 심각하여 실제 입주율이 2%에도 미치지 못하는 유령 도시까지 나타났다. 네이멍구의 오르도스 캉바스康巴什의 경우, 70억 위안(약 1조 2,200억 원)을 투자해 32㎢에 인구 150만 명을 수용할 수 있는 신도시를 건설했으나 거주 인원은 2만 8천여 명에 그쳤다.

　2010년에는 중국 정부가 하이난다오海南島를 국제 관광도시로 개발하는 계획을 발표하면서 투자액의 90% 이상이 주택 시장에 몰릴 정도로 주택 거래가 활성화됐지만 투자자의 70% 이상이 베이징, 상하이, 원저우 등의 외지 투자자였다.

● 건설이 완료됐음에
　도 입주자가 없어 아
　무도 살지 않는 유령
　도시가 되었다.

대부분이 실제 거주가 아닌 투기성으로 몰려들어 완공 이후
입주율은 10%에도 미치지 못하였다.

　이러한 유령 도시는 부동산 과잉 투자와 수요 예측 실패
의 사례를 단적으로 드러낸 것으로 투자 실패에 따른 부담
은 고스란히 지방정부와 은행이 떠안게 된다. 공실주택이
발생하는 원인은 주택을 주거가 아닌, 부동산 가격이 오른
다음에 팔려는 투기 목적으로 구매하기 때문이다. 2012년
이전까지 중국에서는 부동산 구매 제한 정책이 없었다. 개
인이 몇 채의 주택을 소유하더라도 법적으로 문제가 되지
않다보니 투기성 자금이 주택 시장에 흘러 들어가면서 신규
분양이 조기에 매진되는 상황이 연출되었다. 분양 때마다
매진되는 상황이 나타나다보니 지방정부는 계속해서 건설
붐을 일으켰고 결국에는 실제 입주자가 없는 유령 도시들이

나타나게 된 것이다. 그럼에도 불구하고 완공되는 주택은 계속 늘어날 전망이다. 이미 건설 중인 주택이 너무 많아 연간 1,600만 채의 주택이 시장에 풀리고 있다. 매년 도시로 유입되는 외지 인구가 600~800만 가구에 불과하기 때문에 외지 인구가 모두 주택을 구입한다고 가정하더라도 공급이 수요에 비해 너무 많은 실정이다. 중국지수연구원中國指數研究院은 전국 주요 100개 도시를 조사한 결과 공급 과잉으로 미분양주택이 누적되어 있어 최소 5~6년이 걸려야 공급 물량을 소화할 수 있을 것이라고 전망했다.

향후 부동산 시장 전망 ─────────

부동산 시장의 과열 문제는 지난 몇 년간 중국 정부의 심각한 고민거리였다. 부동산 시장에 대한 과도한 개입이 경기침체를 야기할 수 있기 때문에 과열을 억제하면서도 경기부양과 도시화 정책을 함께 추진해야 하는 상황이다. 중국 정부는 부동산 거품 해소를 원하지만, 급격한 부동산 거품 붕괴는 원하지 않는다. 자칫 부동산 거품 붕괴가 전체 금융시스템에 영향을 미칠 수 있기 때문이다. 부동산 개발에는 많은 국유은행들이 대출을 해주었고 그 뒤에는 지방정부가 연결되어 있다. 한 지방정부의 부채만 해도 4,000억 위안(약 72조 8000억 원)에 달하고 전체 지방정부의 부채는

17.9조 위안(약 3,140조 원)에 달한다. 이는 GDP 대비 33%에 이르는 수준이다. 지방정부의 부채는 대부분이 신도시건설에 필요한 인프라 시설에 투자된 경우가 많아 부동산 거품 붕괴가 국유은행 도산과 지방정부 파산이라는 또 다른 문제를 발생시킬 수 있기 때문에 안정화를 통한 연착륙을 원하고 있다.

2014년 중국 성부가 주택 선설에 1소 위안(174조 원)을 투입하는 대규모 신형 도시화 계획을 발표한 것을 보면 '신형 도시화'를 통해 부동산 거품 붕괴를 막으려는 시도를 하는 것으로 보인다. 중국 정부가 발표한 대규모 신형 도시화 계획은 2014~2020까지 중국 상주 인구 기준 도시화율은 60%, 호적인구 기준 도시화율은 45%까지 늘려 약 1억의 농민을 도시 인구로 편입할 계획이다. 문제는 주택 가격이다. 주택 구입 요건 중 가장 중요한 도시주민들의 가처분 소득은 빠르게 늘고 있지만, 주택 가격이 구매 조건에 부합해야 소비가 촉진될 것이다. 따라서 향후 중국의 주요 부동산 정책은 유령 도시와 같은 주요 거품을 걷어 내면서 부동산 시장이 건전하게 성장하도록 유도하는 것이다. 앞으로 중국 정부는 부동산 시장을 과열로 치닫게 했던 허술한 규제를 보완하면서 금리를 인상해 과도한 부동산 투자를 저지할 것으로 전망된다.

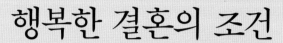

6 행복한 결혼의 조건

UNVEILED FACE OF CHINA

중국에는 이런 말이 있다. "50년대에는 영웅에게 시집가고, 60년대에는 농민에게, 70년대에는 학벌보고, 80년대에는 능력을 보고, 90년대에는 돈 많은 도시 청년에게 시집간다." 이와 같은 비유는 중국인들의 결혼관, 특히 배우자를 선택하는 기준이 시대적 상황에 따라 어떻게 변화해왔는지를 말해 주고 있다.

중국공산당에 의해 신중국이 탄생한 50년대에는 건국영웅들이 사회적으로 가장 존경받았던 시기였기에 이들이 최고의 신랑감으로 꼽혔다. 마오쩌둥에 의해 극좌적인 계급투쟁이 벌어졌던 60년대에는 무산계급의 순수혈통이었던 농민과 결혼하는 것은 국가에 헌신하는 하나의 방법이었다. 그러나 개혁개방이 시작된 80년대부터는 배우자감도 시장경제 논리에 따라 변화하기 시작했다. 이때부터는 돈을 잘 벌어올 수 있는 능력 있는 남자가 최고의 신랑감으로 손꼽혔다. 90년대에는 농촌 인구의 도시 유입이 증가하면서 가난하더라도 도시 호구시민권를 가진 남자와 결혼하는 것이 농촌 처녀들의 꿈이 되었다.

결혼이 우리의 인생에서 한 번씩은 거쳐야 하는 과정이라는 인식은 예나 지금이나 크게 변하지 않는 사실이다. 그러나 결혼의 목석은 시대나 사회적 변화에 따라 바뀌어 나갔다. 과거 결혼의 목적은 자녀의 출산이나 가문의 명맥을 유지하는 관습적인 측면이 강했다. 하지만 현대 사회로 접어들면서 우리는 상호간의 사랑이나 애정을 이어나가기 위해 결혼을 선택한다. 그러나 결혼을 결정하는 데 있어 배우자의 조건만을 따지는 풍토가 만연해지는 현상은 매우 우려스럽다.

사랑만이 결혼의 모든 조건은 아니지만 요즘 중국의 세태를 보면 결혼 자체가 자신의 경제적 안정이나 사회적 지위를 획득하는 수단이 되어 가고 있다는 생각마저 든다. 결혼을 '인륜지대사人倫之大事'라고 하지 않는가. 결혼이라는 것이 동서고금을 막론하고 인간의 인생에서 가장 중요한 선택이기에 배우자의 조건을 따지는 결혼관을 탓할 수만은 없을 것이다. 그러나 상호간의 정서적 교감보다는 경제적 안정이나 사회적 지위를 획득하는 것에만 연연해 하는 오늘 중국의 모습은 다소 씁쓸하다. 대를 잇기 위해 또는 가문을 위해 결혼식에서 처음 만나 가정을 꾸려야했던 것이 과거의 문제였다면, 조건에 맞는 배우자를 찾은 후에야 사랑을 시작할 수 있다는 것이 오늘날의 문제다. 행복한 결혼의 조건이라는 것은 시대적 상황에 따라 끊임없이 변화하지만 우리에게는 또 따른 고민거리를 만들어주고 있다.

개혁개방 이전의 결혼

사회주의 국가를 건설한 중국의 대표적인 성과는 여성을 법적으로 해방시켰다는 것이지만, 더욱 획기적이었던 것은 바로 혼인의 자유다. 민며느리 제도나 조혼, 보쌈, 일처다부제 등의 악습은 "여자가 세상의 반을 지탱할 수 있다."라는 마오쩌둥의 말에 의해 사라지고 혼인의 자유와 남녀평등을 원칙으로 하는 새로운 혼인 조례가 개정되었다. 낡은 결혼 관습의 폐지와 일부일처제의 정착은 이미 1930년대부터 국민당과 공산당에 의해 추진되었으나 1950년 5월에 제정된 혼인법은 새로운 국가 수립과 함께 반포되었기에 더욱 의미가 깊었다.

주요 내용은 다음과 같았다.

제1장 원칙
제1조 강요와 강박, 남존여비, 자녀 이익을 무시하는 봉건

주의 혼인 제도는 폐지하고 남녀 혼인 자유, 일부일
처, 남녀권리평등, 부녀와 자녀의 합법 권익을 보호
하는 신민주주의 혼인 제도를 실행한다.

제2조 중혼, 축첩을 금지한다. 민며느리童養媳를 금지하며,
과부의 혼인 자유에 대한 간섭을 금지한다. 누구라
도 혼인 관련 문제를 빙자하여 재물을 요구하는 것
을 금지한다.

이 법이 제정된 이후 낡은 봉건주의적 혼인관습은 많이
사라지게 되었지만, 인식의 변화가 갑자기 생긴 것은 아니
었다. 다른 사회제도와는 달리 혼사는 국가가 개입할 수 없
는 집안 일로 간주되었기에 법이 실행되는 과정은 순탄치
가 않았다. 정부의 새로운 법안을 선전해야 할 지역 간부들
조차도 새로운 혼인법에 대해 부정적인 시각을 갖는 경우가
다반사였다. 전통적인 관습이 남아 있던 농촌 지역에서는

● 1950년대 농촌에서 치러지고 있는
  결혼식 모습.

● 1950년대 도시에서 치러지고 있는
  결혼식 모습.

결혼이 여전히 부모와 어른들에 의해 결정되었으며, 자녀들은 그 결정을 무조건 따라야만 했다. 50년대부터 80년대까지 자유연애를 통한 결혼은 25% 내외에 불과했었다.

이마저도 50년대의 상황을 보면 더욱 비참했다. 1951년 허베이성河北省 창현滄縣의 10개 촌에서는 결혼한 60쌍 중 부모에 의해 결혼한 경우가 51쌍이었고, 후난성湖南省의 36개 현에서는 이혼을 요구했다는 이유로 2년간 살해당한 여성만 241명이었다. 혼인법이 새로 제정됐음에도 불구하고 사회 곳곳에는 여전히 전통적인 인식이 사라지지 않았다.

새로운 혼인법에 대한 저항은 농촌 지역이 더 강했었다. 직장을 매개로 객관적인 계급관계를 맺고 있던 도시와는 달리 농촌의 기층 간부와 지역주민들 간에는 보이지 않는 남성 위주의 연계망이 형성되어 있었다. 농촌 지역이 이러한 상황이었기에 혼인관계에서 발생하는 여러 문제들은 여전히 구시대적 관습으로 처리됐다. 그러나 시간이 지나면서 혼인법 시행 과정에서 발생했던 적잖은 문제들이 점차 해결되기 시작했다.

중국 정부는 대중 차원의 '혼인법관철운동'을 벌여 기층 간부와 일반대중에 대한 교육을 강화하였다. 새로운 사회주의 국가 건설을 표방하며 낡은 제도를 타파하는 시기였기 때문에 더 이상 구시대적 관습을 고집하기도 어려워졌다. 이후 혼인법관철운동이 효과를 나타내면서 자유연애결혼에 대한 거부감도 많이 줄어들었고, 이혼과 재혼도 자유로워졌

다. 50년대 후반에 이르면 혼인신고를 한 부부 중에 95%가
'혼인법' 규정에 부합하는 것으로 나타난다. 이와 같이 혼인
법 관철은 단지 여권 향상이라는 측면에서 뿐만 아니라 결
혼에 대한 의미를 새롭게 부여했다는 측면에서 더 의미가
깊었다.

개혁개방 이후의 결혼 ─────────

개혁개방 이후에는 애정 위주의 혼인관이 당연시되었
다. 결혼이 자유로운 교제의 결실이라는 것과 개인의 의지
에 따라 결정된다는 사실에 이제는 아무도 이의를 제기하지
않는다. 혼인 관계의 체결은 내가 상대방을 알고 원할 때

● 경제적 부담 때문
에 결혼을 망설이
는 현 시대 중국
젊은이들의 이야
기를 풀어나가 호
평을 받았던 드라
마 「뤄훈시대」

가능하다는 자유의지가 가능해진 것이다. 물론 부모가 개입
을 하거나 중매쟁이가 소개해주는 방식은 남아 있지만, 결
혼의 선택은 이제 당사자들의 몫이
되었다. 현대 중국인들은 자신의 주
관에 따라 배우자를 선택하는 것이
후회 없는 결혼이라고 생각한다.

결혼 연령에 있어서도 큰 변화
가 나타나기 시작했다. 많은 남녀가
결혼 적령기를 지나 결혼하거나 아
예 싱글로 남는 현상이 빠르게 확산

되고 있다. 결혼이 늦어지는 이유는 경제적인 원인이 가장
크다. 결혼에 필요한 집이나 차, 예물 등을 갖추지 못해 여
성의 배우자 조건에 부합하지 못하거나 아예 결혼을 포기하
는 사례도 늘어나고 있다. 치솟는 집값과 물가에 결혼 부담
을 느끼는 젊은이들이 적지 않다. 오죽하면 결혼에 필요한
경제적 능력이 없어 혼인신고만 하고 신혼생활을 시작하는
뤄훈裸婚: 벌거벗은 결혼이라는 말이 유행을 할까? 물질 문화가
중국을 지배하고 있는 오늘날 사랑 하나로 결혼 생활이 이
어질 수 없다는 것이 많은 중국 여성들의 생각이다. 대부분
의 중국 여성들은 행복한 결혼의 조건에 대해 좀 더 현실적
이다. 실제로 최근 9,000명을 대상으로 한 인터넷 설문조사
에서 남성의 75%는 뤄훈에 대해 찬성했지만, 여성의 73%
는 이에 반대했다.

　현대 중국사회에서는 마음이 맞는 배우자를 만나는 것
보다 더 힘든 것이 높은 단가의 결혼 비용이다. 결혼 비용
은 시대를 지나면서 천정부지로 치솟고 있어 부모님에게 의
지할 수밖에 없는 상황이다. 중국에서 결혼식과 신혼생활에
필요한 비용의 부담은 전적으로 남성의 몫이다. 가부장적인
결혼 관습은 사라졌지만, 가부장적인 의무까지 사라진 것은
아니다. 늘어나는 결혼 비용으로 인해 부모의 도움 없이는
결혼 자금 마련이 거의 불가능하다. 그렇기 때문에 일부 청
춘 남녀들은 연애할 생각을 못하고 몇 년씩 연애해 온 사이
라도 결혼을 이행하지 못하는 경우가 많아지고 있다.

　결혼 생활에서도 개성과 개인 권리를 존중하는 좀 더 서구화된 추세를 보이고 있다. 결혼 전에는 재산을 서로 공증하고 결혼 후에도 각자의 은행계좌를 개설해 관리한다. 결혼은 했지만, 각자의 생활을 보호받고 싶어 하고 이혼 후에 발생할 수 있는 재산 분할 문제도 사전에 대비하는 경향으로 바뀌고 있는 것이다. 그렇다고 결혼 생활에 전념하지 않는 것은 아니다. 남녀평등 지수가 높기 때문에 가사생활의 의무는 서로 분담하고 가정폭력은 감소하고 있다.

중국의 결혼 문화

결혼 연령

　결혼 가능한 연령은 시대에 따라 다르게 나타났다. 건국 당시에는 법적으로 남자가 만 22세 여자는 만 20세면 결혼이 가능했지만, 급격한 인구 증가로 고심하던 1960년대부터는 만혼晚婚이 권장되면서 남자는 만 30세로 여자는 만 25세로 상향 조정됐다. 그러다가 1973년이 되면 남자는 만 25세 여자는 만 23세로 권장되었다. 법적으로는 여전히 남자는 만 22세, 여자는 만 20세였지만, 당시 사회 분위기상 이를 따르는 것이 대부분이었다. 그러다가 개혁개방 이후에는 다시 기존의 연령대로 돌아오게 되었다. 그러나 일부 소수민족 지역에는 다른 법규가 적용된다. 예를 들어 신장, 네이멍구, 티베트 등의 자치구에서는 남자는 만 20세, 여자는 만 18세만 되면 결혼을 할 수 있다.

2012년 중국인의 평균 결혼 연령은 27세로 남자는 27.8세, 여자는 26.2세다. 그러나 산업화와 도시화가 확대되면서 중국인들의 평균 결혼 연령도 갈수록 늦어지고 있다. 특히 여성들의 학력 신장과 사회 진출이 늘어나면서 1990년 평균 22.4세였던 결혼 연령은 매년 0.2년씩 늦어지고 있다. 재미있는 점은 지역별 평균 결혼 연령대가 다르다는 것이다. 2013년 상하이의 결혼 연령은 32.9세로 전국 평균보다

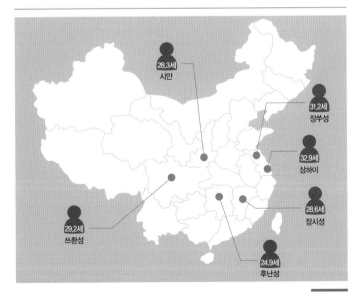

2013년 지역 간 평균 초혼 연령 비교

6년이 높았지만, 후난성은 평균 24.9세로 2년이 낮았다. 상하이의 도시화율이 전국 1위고 후난성이 하위권인 것을 보면 이는 지역 발전 수준의 영향이 큰 것으로 보인다. 참고로 2010년 중국부녀연합회에서는 기존에 24세였던 노처녀剩女의 기준을 27세 이상으로 상향 조정했다. 갈수록 늦어지는 결혼 연령을 감안한 것이다.

결혼 성립

1980년 혼인법에서는 나병을 앓고 있거나 기타 의학적으로 혼인에 적합하지 않은 질병을 앓고 있는 경우에는 혼인을 금지한다는 규정을 두고 있었다. 그러나 2001년 개정된 혼인법에서는 일부 치료가 불가능한 경우를 제외하고는 나병과 같은 질병을 이유로 혼인을 금지하는 조항을 삭제하였다.

중국에서는 결혼식을 하기 전에 혼인신고혼인 등기를 하고 결혼증을 받아야만 결혼식을 할 수 있다. 결혼식을 먼저 올리고 혼인신고를 하는 우리와는 반대의 경우라고 할 수 있다.

결혼식을 올리기 위해 혼인 등기를 신청할 때에는 다음과 같은 4가지 조건이 충족되어야 한다.

1. 남녀쌍방의 자의에 의한 결혼인지에 대한 여부

2. 법정 결혼 연령인지 여부(남 22세, 여 20세)

3. 쌍방 모두 배우자가 없는지에 대한 여부(미혼인지 여부)

4. 혈연관계가 아닌지 여부(3대 이내 혈연관계가 아닌지 여부)

혼인 등기 시 제출해야 하는 서류

1. 본인의 호구와 신분증 제출

2. 배우자가 없다는 증명서 제출

3. 반명함판 사진 3장

준비가 완료되면 현급시 민정국縣級市民政局(시청, 구청에 해당)에 혼인 등기를 신청하고 신청이 완료되면 정식 장소에서 함께 사진을 찍고 결혼증명서를 발급 받는다. 결혼증명서를 발급 받아야만 정식으로 부부관계가 성립되고 결혼식을 올릴 수 있다. 예전에는 부부임을 증명하는 결혼증이

● 중국에서는 혼인 신고 후에 결혼증 명서를 발급 받아 야 한다.

있어야 투숙이 가능했던 시기가 있었기 때문에 결혼증이 중 요했지만 최근에는 폐지되었다.

결혼 비용

2012년 한 해 동안 중국에서는 약 2,600만 명(약 1,300만 쌍)의 젊은이들이 부부가 됐지만, 결혼 비용이 너무 높아 부담을 갖는 사람들이 늘어가고 있다. 특히 체면을 중시 하는 중국인의 성향이 결혼문화에 반영되면서 결혼 비용 은 해마다 급증하고 있다. 집을 장만하고 결혼식을 준비 하는 데 들어가는 비용을 주요 도시별로 살펴보면 선전이 208만 위안(약 3억 4천만 원)으로 전국에서 가장 높았다. 베 이징은 2위인 202만 위안, 상하이는 3위인 200만 위안이 다. 2014년 베이징 샐러리맨의 평균 연봉이 8만 4,000위안 이니 단순 계산을 하더라도 26년을 한 푼도 빠짐없이 모 아야 결혼 자금을 마련할 수 있다.

결혼 소요 비용이 높은 것은 주택 가격이 비싸기 때문이 다. 결혼 비용의 80% 이상이 주택을 구매하는 데 쓰인다. 최근 들어 주택 가격이 천정부지로 뛰어 오르면서 결혼에 소요되는 비용도 계속 증가하고 있지만 집이 없으면 결혼을 하기도 어렵다. 여기에 고급 웨딩카를 여러 대 빌리거나 하 객에게 비싼 선물을 하는 등 체면을 중시하는 문화까지 겹 치면서 과도한 비용이 지출되고 있다. 문제는 대다수의 비

2014년 중국 10대 도시 결혼 비용 순위

(단위: 만 위안)

순위	지역	주택	인테리어	가전가구	승용차	결혼식 비용	신혼여행	연애비용	합계
1	선전	178	10	5	10	4	1.2	3.6	208
2	베이징	160	15	8	12	4	3	4.8	202
3	상하이	160	15	10	10	3	1.2	4.3	200
4	항저우	163	15	10	15	4	3	4.8	172
5	광저우	87	15	8	10	4	3	4.8	128
6	난징	80	5	3	10	3	1.6	2.4	102
7	쑤저우	69	10	5	10	2.5	1.2	3.6	94
8	톈진	64	10	4	10		1	3.6	92
9	창저우	64	5	3	10	3	1.6	2.4	86
10	청두	37	5	3	5	2	1	1.8	55

자료출처: http://travel.163.com/14/0706/16/A0G0TFEN00063KE8.html에서 정리
1. 결혼식 비용은 축의금(紅包)을 받은 비용과 비슷하게 지출된다.
2. 신혼여행 비용은 절반씩 지출한 합계다.
3. 연애 비용은 결혼 이전 연애 기간을 2년으로 잡았을 때 총 지출된 예상치다.
4. 주택은 80㎡를 기준으로 하였다.

용을 남자만 부담한다는 것이다. 중국에서는 결혼 과정에서 발생하는 대부분의 비용을 남자 측에서 부담한다. 결혼을 하는 데 있어 중국 여성들은 '여왕' 대접을 받는다. 중국의 결혼 과정을 보면 다음과 같다.

먼저 남자가 여자를 자신의 부모에게 처음 소개하는 자리에서 남자의 부모는 만나서 반갑다는 의미로 '지엔몐리

見面禮: 초면인사'라는 명목의 선물이나 돈을 준다. 이후 결혼이 약속됐다면 양가 부모가 만나게 되는데, 상견례 자리에서

신랑 부모는 신부 측 부모에게 혼수를 준비하라는 의미로 '차이리彩禮; 납채 예물'를 준다. 이는 우리의 '예단 값'과 비슷하지만, 남자 측에서 지불한다. 대부분은 현금으로 주는데, 집안 사정에 따라 다르지만 보통 3만 위안(약 500만 원)에서 시작한다. 요즘에는 예의상 3분 1정도를 신랑 측에 되놀려준다고 한다. 그리고 결혼식 날에는 신부를 데리러 처가댁으로 가야하는데, 이때 신부의 친구들이 신랑을 못 들어오게 하기 때문에 '당먼홍빠오擋門紅包'라는 명목의 돈을 주고 신부를 데리고 나온다.

● 신랑측에서 보낸 차이리를 받으면 신부측이 이를 마을 사람들에게 공개하기도 한다. 이런 문화 때문에 불필요한 체면 비용이 지출된다.

　결혼 당일에는 신랑의 부모가 며느리가 된 여자에게 호칭비改口費라는 것을 준다. 이는 한 집안 식구가 됨으로써 시부모를 부르는 호칭이 바뀌는 것을 기념하는 돈이다. 중국인들은 결혼을 하기 전까지는 상대방의 부모를 '어머니'나 '아버지'라고 부르지 않는다. 결혼을 한 이후에나 호칭이 바뀌기 때문에 이것을 기념하는 호칭비라는 것도 생긴 것이다. 호칭비는 999위안[1] 같이 특별한 의미를 부여한다. 호칭비는 지역에 따라 생략하기도 한다.

1　9(九)는 중국어 발음으로 jiǔ인데, '오래도록'이라는 久: jiǔ 와 발음이 같다.

● 신부의 친구들이 문을 열게 하기 위해 신랑이 문틈으로 돈을 넣어 주고 있다.

여자는 남자 측에서 받은 차이리로 결혼 생활에 필요한 혼수를 준비하는데, 직계가족에 대한 예의 차원의 선물은 하지 않는다. 이렇게 결혼 과정을 살펴보면 결국 모든 비용은 남자 측에서 지불하는 셈이다. 이러한 문화가 정착된 이유는 과거 여성을 노동력으로 봤던 관습 때문이다. 결혼을 함으로써 한 집안의 노동력을 데려와야 하니 그에 대한 대가성의 돈을 주었던 것이다. 그런데 이런 관습들이 오늘날까지 사라지지 않고 있어 중국 남성들을 힘들게 하고 있다.

결혼식

중국에는 결혼 당일 신랑이 신부를 데리고 식장으로 가는 풍습이 있다. 과거에는 가마를 이용했지만, 요즘에는 고급 승용차로 이를 대신한다. 보통 8대 이상의 고급 웨딩카를 대동해 신부 집으로 향하는데, 체면을 중시하기 때문에 BMW나 벤츠, 스포츠카 등을 빌려 신부와 함께 식장으로 향한다. 중국에는 전문 결혼식장이 따로 없다. 대부분은 호텔 식당이나 대형 음식점飯店에 하객들을 초대해 식을 올리면서 음식을 대접하는 것이 관례다. 농촌에서는 신랑 집에서 결혼식을 올리는 경우도 많다.

주례와 주례사는 없고 사회자의 안내에 따라 결혼증명서를 하객들에게 낭독하면서 결혼이 성사됐음을 공식적으

● 결혼식 당일에는 신부를 데리러 가기
위한 고급 승용차를 대절한다.

● 저자의 중국인 친구 양광(楊光)이
결혼할 때 찍었던 사진이다.

로 인정받는다. 하객들이 신랑 신부를 위한 들러리 역할을
하는 한국과 달리 중국의 결혼식은 하객들에게 피로연을 제
공하면서 함께 즐기며 어울리는 것이 특징이다. 좌석이 정
해져 있기 때문에 참석 여부를 사전에 미리 알려줘야 하객
의 자리를 배정해 놓는다. 결혼식에서 신랑은 하객들과 함
께 술을 마시면서 축하를 받고 신부는 시탕囍糖; 결혼 사탕을 나
눠주며 답례를 한다. 그래서 중국에서는 "언제 사탕 줄 거
야."가 '언제 결혼 할 거야'의 의미로 쓰인다.

결혼식에서 제공되는 모든 것은 기쁨 두 배라는 의미의
쌍 희囍자가 들어간다. 술은 시지우囍酒, 담배는 시옌囍煙, 결
혼만찬은 시옌囍宴이라고 한다. 재미있는 것은 신부가 하객
들에게 담뱃불을 붙여주는 풍습이 있다는 것이다. 담배는
중국문화에서 사교의 의미를 갖는다. 때문에 신랑의 친구들
에게 신부가 담뱃불을 붙여주는 것은 앞으로의 관계를 돈독

• 결혼식 행사 때는 신부가 신랑의 친구들에게 담배불을 붙여 주는 관습이 있다.

히 해나가자는 의미를 갖는다. 신랑의 친구들도 결혼을 축하하는 의미로 신부가 권하는 담뱃불을 받아들인다. 그러나 즐거워야 할 결혼식이기에 신랑의 친구들은 신부가 붙여주는 담뱃불을 한 번에 받지 않는다. 교묘하게 불을 끄며 신부를 놀리는 즐거움을 얻는다. 중국 결혼문화의 일종이기 때문에 담배를 못 피더라도 예의상 불을 받아주는 것이 좋다.

축의금

축의금은 현대 중국인들에게 가장 고민거리다. 앞서 말했듯이 체면을 중시하는 미엔즈面子; 체면 문화가 뿌리 깊게 박

• 신랑은 하객들을 접대하며 함께 즐기는 시간을 갖는다.

혀 있기 때문에 소득 수준에 비해 축의금 액수가 크다. 축
의금과 같이 좋은 일이 있을 때 주는 돈은 홍빠오紅包[2]라고
한다. 일반적인 홍빠오는 가까운 사이인 경우에는 1,000위
안(약 18만 원)이상이고 그렇지 않으면 500위안 정도를 내고
있지만, 매우 친한 사이일 경우에는 2,000위안, 가까운 친인
척은 5,000위안을 축의금으로 낸다.

2014년 베이징의 월평균 급여가 6,000위안 수준이니 한
달에 결혼식을 두 번만 다녀와도
소득의 절반 가까이가 지
출된다. 체면을 잃지 않
기 위해 과도한 홍빠오
가 지출되기 때문에 청
첩장을 '홍빠오 고지서'
라고 부르기까지 한다.

● 체면 문화로 인해 과도한 축의금이 나가기
때문에 청첩장을 '고지서'라고까지 부른다.

신혼여행

신혼여행을 중국에서는 미위에蜜月라고 한다. 영문의 '허
니문'을 직역한 것이라는 것을 알 수 있다. 중국에서는 우
리와는 다르게 결혼식 직후에 신혼여행을 가지 않는다. 결

---

2 축의금과 같이 좋은 의미에 쓰이는 봉투가 붉은색(紅包)이기 때문에 홍빠오라
고 한다. 붉은색은 행운과 길조를 상징하고 흰색은 불길함을 나타내기 때문에
문상을 갈 때를 제외하고는 흰 봉투를 쓰지 않는다.

혼식 다음날 신랑신부는 예물을 들고 신부 집으로 가는데, 이를 후이먼回門: 집으로 되돌아가다이라고 한다. 신부 집에서 신부의 친척들에게 잔치를 베풀어 대접을 하고 나서야 신혼여행을 갈 수 있다. 신혼여행지는 보통 중국 국내에 있는 유명 관광지로 가는데 요즘에는 하이난다오海南島도 많이 찾고 있다. 최근에는 위안화 절상에 힘입어 홍콩이나 동남아, 유럽, 호주 등 세계 각지로도 가는 추세다. 신혼여행 비용만은 남녀가 각자 절반씩 부담한다.

시대별 4가지 신혼 살림

신혼 살림

신혼 살림은 그 시대를 살아가던 사람들이 평소 갖기 어렵던 물건을 선호한다는 점에서 시대상을 반영한다고 볼 수 있다. 50년대에는 먹고사는 문제와 사회 혼란이 가중됐던 시기였기에 신혼 살림이라는 개념이 없었고 60년대에 들어서야 신혼 살림이라는 인식이 점차 생기기 시작했다. 1960~70년대에는 시계, 자전거, 재봉틀, 라디오 등을 선호하였는데, 이러한 제품들은 가격도 비쌌지만, 구하기도 어려워서 일반인들은 아는 사람들을 통해 겨우 구입했다고 한다. 이 4가지 제품四大件을 구입하는 데 당시 가격으로 300위안 정도가 지출됐다.

개혁개방이 본격화된 80년대에는 외국에서 수입된 냉장고, TV, 세탁기, 전축 등이 선호되었는데, 냉장고와 세탁기

● 외국산 TV가 수입되면서 TV 구입은
　필수적인 살림이 되었다.

● 신혼 살림의 4가지 조건을 갖춘 80년
　대 초반 한 가정집 모습.

는 부의 상징이자 여성들의 힘든 가정 살림을 도와주던 첨
단기기였다. 가격 또한 만만치 않았지만, 돈만 있다면 상점
에서 쉽게 구입할 수 있었다. 이러한 제품을 신혼 살림으로
장만한다는 것은 개혁개방 시대에 성공했음을 표방하는 것
이기도 했다. 가격은 총 3,600위안 정도가 되었다. 당시 월
평균 소득이 300위안을 넘기기 어려웠기 때문에 매우 고가
였음을 알 수 있다.

　90년대에 접어들면 중국에 휴대 전화기가 보급되기 시
작하였다. 당시 휴대 전화기 가격은 4,000~8,000위안으로
일반인의 연봉에 가까운 가격이었지만, 이 또한 성공의 상
징으로 인식되며 많은 이들이 선호하였다. 이와 함께 컬러
TV, 에어컨 등이 선호하는 신혼 살림의 범위에 포함되었고
90년대 중·후반 보편화되기 시작한 컴퓨터도 많은 이들이
신혼 살림으로 찾는 제품이 되었다.

선호하던 제품 위주였던 4가지 물건은 2000년대에 접어들면서 선호하는 남자 유형으로 변화되기 시작했다. 남자는 이제 신혼살림뿐만 아니라 좋은 직장과 자동차, 집, 통장에 잔고가 있어야 좋은 신랑감으로 대접받을 수 있다. 이러한 변화는 현대 중국사회의 물질주의 풍토가 여성들의 결혼관까지 변화시켰다는 것을 반영하는 것이기도 하다.

● 크고 무거웠지만 휴대 전화기는 따거대(大哥大)로 불리며 부의 상징이 되었다.

결혼의 조건

이상형

어느 시대나 여성들은 자신의 배우자가 경제적으로 능력 있고 똑똑한 사람이기를 원하지만, 현대 중국 여성들이 배우자를 선택하는 기준 대부분은 '결혼하려면 집이 있어야 한다'는 것이다. 맞선 때 남자의 "我有房子저 집 있어요"라는 말 한 마디에 결혼이 일사천리로 진행된다는 말이 결코 우스갯소리는 아니다. 현실에서도 주택 문제로 헤어지는 연인들이 적지 않다.

〈2011년 중국인 혼인현황조사보고2011年中國人婚戀狀況調査報

告〉라는 조사 결과에서도 52%의 여성이 결혼의 조건으로
"남성이 집을 가지고 있어야 결혼하겠다."고 응답했다. 그
러나 현실적으로 봤을 때, 중국 대도시의 집값은 일반 직장
인이 감당하기 어려운 수준이다. 그러다보니 결혼을 늦추거
나 독신으로 남는 경우가 늘어나고 있다. 오죽하면 일부일
처제를 빗댄 일방일처제—房—妻制; 집 한 채에 부인 한 명라는 말이
나올까?

　〈2013년 중국인 혼인현황조사보고2013年中國人婚戀狀況調查報
告〉에서는 77% 이상의 여성들이 남성의 소득이 자신의 두
배 이상은 되어야 한다고 응답했다. 그리고 80%의 미혼 여
성들은 월수입 4,000위안 이상이 되어야 연애대상으로 삼겠
다고 답했다. 남성의 월수입이 1만 위안 이상이 되어야 한
다는 응답도 무려 27%나 되었다. 그러나 결혼 전에 서로 자
신의 재산을 미리 공증 받는 것에 대해서는 74%의 남성이
동의했지만, 여성은 44%만이 이에 동의한다고 응답했다.

　오늘날 중국의 남성들이 완벽한 배우자감이 되기 위해
서는 차, 집, 높은 연봉이 있어야 한다. 큰 키에 몸매까지
갖춘 남성이라면 최상의 신랑감이다. 이렇게 완벽한 남자를
가오푸솨이高富帥; gāo fù shuài라고 한다. 직역하면 '키 크고, 부
자에, 잘생긴' 말 그대로 **'엄친아'**다. 남자들의 이상형은 바
이푸메이白富美; bái fù měi다. 월 소득 2만 위안에 흰 피부를 가
진 아름다운 여자가 이상형이다. 여성은 27세가 넘으면 노
처녀剩女라는 꼬리표가 붙기 때문에 가능하면 젊었을 때 결

혼을 하려고 한다. 실제로 결혼을 약속한 여자 친구가 어린 줄 알았다가 사실은 33살이라는 것을 알고 손해배상을 청구한 사건도 있었다. 현대 중국인들은 배우자를 선택할 때에 내재적인 요소보다는 외재적인 요소에 치중하는 경향이 너무 강하게 나타나고 있다. 너무 극단적인 얘기들 같지만, 지금 중국의 현실이 그렇다.

부자 맞선 대회

중국 각지에서 개설되는 '부자와 결혼하기' 과정은 한 달 수강료가 2만 위안이 넘는데도 불구하고 많은 여성들이 강의를 신청하고 있다. 강의의 대부분은 와인 마시는 법이나 커피, 의상 등 상류층의 취향을 배우고 이들의 마음을 사로잡을 수 있는 방법을 교육한다. 이러한 학원들은 실제로는 부자들과의 만남을 주선하거나 사교 파티에 초대하는 등 부유층과 직접적인 만남이 가능하기 때문에 많은 인기를 끌고 있다. 수강생 중에는 골드미스로 불리는 고소득 여성들이 많지만, 20대의 젊은 여성들도 적지 않다. 이러한 풍토에 대해서 중국 내부에서도 부정적인 시각이 많다. 그러나 논란만큼 인기도 식지 않고 있다.

이외에도 경선을 통해 부자들과의 맞선을 주선하는 이

벤트도 유행하고 있다. 이벤트가 열릴 때마다 1천여 명의 지원자가 몰릴 정도로 적지 않은 인기를 끌고 있다. 지원자들은 총 3단계의 과정을 통과해야만 한다. 1차 서류심사 합격자에 한해 미모, 생활, 심리, 결혼관, 가족관계 등의 2차 인터뷰 심사 과정을 거친다. 3차 선발에서는 다림질이나 개인의 자질을 검증하는 시험까지 치러져 최종 합격된 사람들에 한해 직접 맞선의 기회를 제공한다. 부자들과 맞선을 보기 위한 조건으로는 키 160cm 이상에 전문대 졸업 이상의 학력이어야 하고 각종 증빙자료와 신체검사까지 치른다고 한다. 주최 측은 지원자들의 외모는 물론 가정환경과 혼전 신체검사, 가치관 측정을 위한 거짓말 탐지기까지 동원해 심사를 한다. 이러한 과정을 거쳐야 함에도 불구하고 지원자들은 20세에서 31세까지 다양하며, 해외 유학파나 교사, 의사 등 고학력 지원자들도 많다.

● 부자맞선대회에 참석한 한 여성이 다도 테스트를 받고 있다.

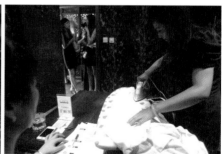

● 부자맞선대회에 참석한 한 여성이 다림질 테스트를 받고 있다.

맞선 이벤트마다 부자의 조건이 다르긴 하나 최소 우리 돈 10억 원 이상의 재산을 가진 부자들부터 170억 원 이상의 기업인들을 대상으로 하는 맞선 프로젝트까지 다양하게 열리고 있다. 이와는 상반되게 농민공을 비롯한 저소득 계층은 경제적인 이유로 결혼을 미루거나 아예 포기하기도 한다. 신부를 찾지 못하는 노총각의 수가 2,300만 명에 이르니 빈부 격차에 따른 결혼 풍속도의 차이가 중국사회의 새로운 갈등 요인이 되고 있다. 대리 검증을 통해 자신이 원하는 배우자감을 찾는 부자 남성들, 그리고 결혼을 통해 신분 상승을 노리는 여성들…… 이러한 행태가 신성한 결혼의 가치를 떨어트리는 것은 아닌지 중국사회가 고민해야 한다.

신부 찾아 3만 리

부자 남성들의 경우와는 달리 일반 남성들에게 결혼은 경제적으로 큰 부담이다. 더욱이 남아선호 사상으로 인해 생긴 여성 인구수의 감소는 평범한 남성들의 결혼을 더욱 힘들게 하고 있다. 120:100에 이르는 성별불균형 현상으로 중국은 2020년이 되면 짝이 없는 남성이 3,000만 명이 넘는 노총각 대국이 될 것이다. 현재도 중국의 18세 이상 미혼 인구는 2억 4,900만 명으로 70~90년대생 중 미혼 남성은 2,315만 명에 달한다. 25~29세 연령의 여성 중에는 1/5만이 아직 미혼이지만, 남성은 1/3이나 미혼이어서 지금도 여성의 수가 절대적으로 부족한 실정이다. 여성 인구 부족으로 중국의 노총각들은 배우자를 만나기가 더욱 어려워지고 있으며, 설령 만났다 하더라도 결혼 준비를 철저히 해놓지 않는 한 경제적인 문제로 결혼이 성사되기 어렵다. 그래서 치열한 국내 경쟁에서 뒤처진 노총각들이 해외로 눈을 돌리고 있다.

　요즘 중국의 노총각들 사이에는 '베트남 원정 맞선'이 큰 인기를 끌고 있다. 중매업체가 인터넷을 통해 월 소득 2천 위안 이상의(약 35만 원) 남성들을 모집한 후 단체로 베트남 여성과 현지 맞선을 보는 원정 맞선이다. 맞선 비용으로 3만 위안을 지불해야 하지만, 젊고 요구 조건이 낮은 여성을 찾는 중국 남성과 결혼을 통해 가난에서 탈출하려는 베트남 여성과의 이해 관계가 맞아 떨어지면서 큰 인기를 끌고 있다.

● 베트남 현지 맞선을 주선하는 사이트와 실제 결혼에 성공한 중국인 신랑

행복한 결혼의 조건이란? ─────────

최근 중국사회는 이혼 문제로 골머리를 앓고 있다. 2013년 중국에서는 총 350만 쌍이 이혼해 전년 대비 12.8% 나 증가했고 2004년 이래 지속적으로 증가하는 추세다. 중국 도시 지역의 이혼율도 1970년의 2%에서 2011년 30%를 넘어 무려 15배나 증가하였다. 경제적으로 부유해진 시대에 접어들면서 이혼율은 오히려 급증하는 것이다.

무엇보다 결혼 8년 차 이하 젊은 부부들의 이혼이 절대 다수를 차지해 새로운 사회문제로 등장했다. 젊은 세대의 이혼 급증은 배우자와 조화를 이루지 못하거나 애정 없이 결혼을 감행하는 세태가 주요 원인이다. 실제로도 상하이의 이혼부부 500쌍을 조사한 결과 40% 이상이 쌍방의 혼외정사로 이혼을 했고, 성격차이는 38%에 달했다. 산아제한 시기에 태어나 부모의 과잉보호 속에서 성장한 신세대들이 성인이 되어서도 타인에 대한 이해나 배려가 부족해 원만한 결혼 생활을 하지 못하고 있는 것이다. 또는 상대방의 경제적 능력, 외모, 학력 등 외형적 조건만 보고 애정 없이 결혼을 서둘러 하고 뒤늦게 후회하며 이혼을 하는 경우가 많다. 물질만능주의가 만연한 세상이라 해도 행복한 결혼의 조건이라는 것은 사랑을 바탕으로 한 서로에 대한 배려와 신뢰에 있음을 중국사회가 다시 깨달아야 하지 않을까?

되살아나는 홍색 열풍

UNVEILED FACE OF CHINA

붉은색은 고대부터 현대에 이르기까지 중국인들에게는 국색國色이라 불릴 정도로 존귀한 색채로 여겨지고 있다. 중국에서 붉은색은 힘과 열정을 상징하며, 숭배의 대상이다. 신생아를 적자赤子라 부른 것도 갓 태어난 아기가 붉은색을 띠었기 때문이었으며, 적자는 바름正과 선함善을 상징했다. 이는 붉은색을 신성시하고 숭배하는 중국인들의 습속이 있기에 가능했던 인식이었다. 중국에서 결혼식과 같은 축하연을 열 때 주변을 온통 붉은색으로 장식하는 이유도 붉은색에는 특별한 힘이 깃들어 있다고 믿기 때문이었다. 붉은색은 중국인들의 일상생활에서도 널리 쓰이기 때문에 매우 친밀하며 중요하게 받아들여진다.

중국공산당에게도 이 붉은색은 특별한 의미를 갖는다. 중국공산당의 군대는 창군 때부터 홍군紅軍이라 불리며 혁

명의 상징이자 순수함을 의미했다. 그래서 '붉은 군대'라는
뜻의 '홍군'은 대중들에게 중국공산당의 이미지를 어필할
수 있는 매우 의미 있는 명칭이었다. 중국공산당은 건국 이
후에도 붉은색을 정치선전도구로 이용했다. 강렬한 혁명의
이미지를 연상시키기 위해 음악, 미술, 포스터 등에는 붉은
색을 활용하여 정치선전의 효과를 높였다. 붉은색은 대중들
의 투쟁 의지를 자극하고 여론을 조성하는 데 뛰어난 효과
를 발휘했다. 중국공산당은 붉은색을 '혁명성'과 연결시킴
으로써 정치선전을 극대화했다. 그래서 중국사회는 붉은색
을 친근하면서도 정치적 의미를 담고 있는 색깔로 인식한
다. 그러나 개혁개방 이후에는 실용주의적 사고가 주를 이

루면서 홍색선전은 급속히 사라졌다. 시장경제가 발전함에 따라 사회적 분위기가 정치적이기보다는 경제적 가치를 우선시하는 방향으로 전환됐기 때문이었다.

개혁개방 이후에는 공산주의를 찬양하는 정치선전이 사라지면서 붉은색은 더 이상 정치도구로 사용되지 않았다. 그러나 최근에는 사라진 줄만 알았던 홍색 열풍이 다시 불고 있다. 마오쩌둥을 숭배하던 시기의 추억을 회상하는 '홍색문화' 열풍이 부는가 하면 중국공산당의 혁명근거지를 관광하는 '홍색 관광'도 유행하고 있다. 영화와 드라마, 미술, 서적, 식당에 이르기까지 중국공산당과 마오쩌둥을 주제로 하는 영역에는 한계가 없다. 이를 두고 홍색경제라고까지 부를 정도다. 마오쩌둥과 자본주의 시장경제는 절대 어울리지 않지만, 지금 중국에서는 혁명의 시대를 회상하는 홍색 열풍이 다시 불고 있다.

홍색 관광 열풍 ─────────────

홍색 관광이란, 중화인민공화국 건국 과정에서 반제국주의, 반봉건의 투쟁을 했던 혁명가들의 근거지를 관광하는 것을 말한다. 홍색 관광은 2000년대 초반부터 열기를 띄기 시작해 농촌 관광과 소수민족관광, 생태관광과 함께 새로운 관광산업으로 부상했다. 최근에는 홍색 관광지에 대한 대규

모 투자까지 이어지면서 혁명
근거지가 있는 지역 간 경쟁도
치열하게 벌어지고 있다. 마오
쩌둥의 고향 후난성에서는 생가
와 기념관 보수, 고속철도 등에
155억 위안의 예산을 투자했고
2013년 관광 수입만 해도 280억
위안(약 4조 6,000억 원)에 달했

● 2009년 후난성 창
사시에 세워진 마
오쩌둥 대형 조소

다. 마오쩌둥의 생가가 있는 샤오산韶山은 주말에만 10만 명
이 방문하고 있으며, 연간 900만 명이 찾아온다. 마오쩌둥
이 처음 사회주의 혁명을 시작한 후난성 창사시長沙市에서
는 2009년에 마오쩌둥의 모습을 본뜬 대형 조소와 2,000㎡
의 마오쩌둥 기념관까지 세워 매년 5,000만 명이 방문하고
있다.

　2013년 전국의 홍색 관광객 수는 7억 8,600만 명에 달해

● 마오쩌둥 기념관으
로 꾸며진 창사시의
쥐즈저우(橘子洲)
전경. 전체 길이는
5km에 이른다.

전년대비 17.3%나 증가했다. 총 관광 수입만 해도 1,985억 위안(약 33조 원)에 달하고 직접적인 일자리 창출만 해도 122만 명, 간접적인 일자리는 460만 명에 달한다. 전국에 4A급의 홍색 관광지는 103곳이 있고, 5A급은 14곳이 있다.[1] 이외에도 100만 명 이상의 관광객이 찾는 곳도 82군데나 된다. 대부분의 홍색 관광지는 1세대 지도부들의 출생지와 기념관, 항일유적지, 국공내전지 등이 포함되어 있다. 홍색 관광은 여러 형태의 관광산업과 연계되어 시너지 효과를 발휘하고 있어 중국의 관광산업 성장 전반에 크게 기여하고 있다.

중국 정부는 공산당 정신 함양을 위해 2004년부터 중국 공산당의 역사와 관련 있는 지역으로의 순례여행을 권장해 왔다. 2011년 중국공산당 창당 90주년과 2013년 마오쩌둥 탄

---

1 중국 정부가 공인하는 관광지 등급이다. 교통, 안전, 위생, 통신, 쇼핑, 관리, 환경보호 등 10개 방면의 조사를 통해 등급을 매긴다. 5A급이 최고 등급이다.

● 중국공산당의 혁명지 중 하나인 징강산을 방문한 관광객들

생 120주년까지 연이어 기념되면서 중국공산당의 혁명 근
거지를 순례하는 방문객들은 더욱 늘어나고 있다. 최근에도
중국공산당 혁명지 중 하나인 징강산井岡山과 대장정이 시작
된 장쑤성의 루이진瑞金, 임시 수도였던 옌안延安 등에는 공
산당 역사의 발자취를 느끼려고 방문하는 관광객들로 인산
인해를 이루고 있다.

홍색 관광이 주요 관광입으로 부상하는 것은 중국 국내
의 수요와 정부의 혁명교육이 있기 때문이다. 이 같은 분위
기는 중국공산당 선전부의 계획 하에 연출되고 있지만, 경
제 강국으로 부상한 중국을 중국공산당이 잘 이끌어 왔다는
국민적 공감대가 형성되어 있기에 이러한 분위기가 자연스
럽게 연출되고 있다.

홍색 창조경제 ───────────────

지방정부의 홍색 관광 열풍과 함께 당 선전부에서도 중
국공산당과 마오쩌둥 띄우기에 열을 올리고 있다. 선전부에
서는 최고지도자를 만화 캐릭터로 묘사하는 것을 금기시하
던 관행마저 깨며 마오쩌둥의 10대 시절을 다룬 애니메이션
을 제작해 방영하였다. 어린이들에게 마오쩌둥의 업적과 사
상을 가르치기 위해 스스로 금기마저 깬 것이다. 당의 공식
기구가 마오쩌둥 애니메이션 제작에 나서는 것은 시대의 변

● 마오쩌둥 탄생 120주년을 맞아 방영될 「샤오산 소년(韶山少年)」을 소개하는 장면.

화에 맞춰 선전 전략이 변화하고 있음을 시사하고 있다.

정부의 전폭적인 지원 아래 신중국 건국 역사를 다룬 홍
색영화도 연이어 개봉되었다. 비록 흥행 성적은 저조했지
만, 「건국대업建國大業」과 「건당위업建黨偉業」 등은 중화권의
유명 배우들인 성룡, 장쯔이, 유덕화 등 100여 명이 출연해
개봉 전부터 화제를 모았다. 2014년에는 덩샤오핑 탄생
110주년을 맞아 그의 삶을 다룬 장편 드라마도 제작됐는데,

● 「건국대업(建國大業)」과 「건당위업(建黨偉業)」은 중국과 홍콩의
유명 배우들이 함께 촬영해 홍색블록버스터 영화라는 평을 받
았다.

덩샤오핑을 드라마로 제작한 것은
처음 있는 일이었다. 이외에도 공산
당 창당 90주년 관련 영화는 30여 편
에 달했다.

● 마오쩌둥 전문 연기
자 천옌(陈燕) 씨는
사실 여성이다.

　홍색 열풍과 함께 마오쩌둥의 인
기가 높아짐에 따라 영화나 드라마
에서 마오쩌둥 역할을 맡은 배우들의 인기도 함께 높아지고
있다. 마오쩌둥을 연기하려면 정부 당국의 허가가 있어야
하지만, 최근에는 일반인들이 마오쩌둥으로 분장하는 것도
더 이상 금지하지 않고 있다. 마오쩌둥의 역할은 청년시절
부터 노년시절까지 다양하기 때문에 많은 연기자들이 마오
쩌둥의 다양한 연령대를 연기하고 있다. 소득 또한 다른 연
기자들보다 높다고 한다.
　혁명 경극도 홍색 열풍을 타고 인기를 끌고 있다. 경극
은 본래 중국의 역사를 바탕으로 연출하는 공연이었으나 문
화대혁명 시대에는 봉건주의의 잔재로 인식되어 금지되었
었다. 전통 경극이 해체된 이후에는 '사회주의 영웅'을 부각
시키는 혁명 경극만 공연이 가능했었다. 개혁개방 이후에는
전통 경극이 부활하면서 혁명 경극은 소멸되는 듯했지만,
홍색 열풍 이후에는 다시 인기를 끌고 있다.

　외부 세계에서는 중국의 문화대혁명을 광기의 시대였다

● 손자와 함께 홍색
  테마식당을 찾은
  노년의 부부

고 평가하는 반면, 중국인들은 열정이 있던 추억의 시대로 기억하고 있다. 우리가 70·80세대를 대상으로 하는 마케팅이 있듯이 중국도 60~70년대를 떠올리게 하는 마케팅이 큰 인기를 끌고 있다. 옛날 복장이나 군복을 대여하는 사업이 대박을 터트리는가 하면 일부 식당들은 문화대혁명 시대를 주제로 한 홍색테마식당紅色主題餐廳을 잇달아 개업하고 있다. 식당 내부는 문화대혁명 시기의 포스터와 집기들로 인테리어가 되어 있으며 홍위병 복장에 완장을 찬 종업원들이 서빙을 하고 있다. 이러한 식당들은 문화대혁명 시대를 경험한 중·노년층에게는 향수를 불러일으키고 젊은이들에게는 호기심을 자극하며 인기를 얻고 있다.

이외에도 문화대혁명 시대의 골동품도 큰 인기를 얻고 있다. 마오쩌둥의 얼굴이 들어가 있는 문화대혁명 때의 휘장은 5위안에서 200~300위안으로 가격이 급등했고 마오쩌둥이 애용했던 제품들은 수십억을 호가하며 경매에 부쳐지고 있다. 마오쩌둥 시대의 유물들은 수집이나 경매를 통해 경제적 이익을 창출하는 하나의 상품으로 인식되고 있다.

신이 된 남자

살아생전 신神으로 추앙 받던 마오
쩌둥은 21세기에도 다시 부활해 신神
으로 추앙 받고 있다. 황금동상을 세
우고 복을 비는 '수호신'에서 부적으
로의 한생까지 마오쩌둥의 인기는 시
들지 않고 있다. 이제는 사찰에서 하
듯 그의 동상 앞에 향을 피우고 절을

• 마오쩌둥의 동상
앞에서 참배하고
헌화하는 데 드
는 비용은 단체 당
1,999위안이지만,
비용을 지불해 소
원을 성취하려는
사람들로 북적이
고 있다.

하는 사람까지 생겨나고 있어 어엿한 신神으로 떠받들어지
고 있다. 마오쩌둥 사후에도 그를 추모하는 분위기는 있었
으나 가정의 안위를 지켜주는 수호신의 경지까지는
아니었다. 비단 마오쩌둥의 기념지 외에도 일상
생활에서 마오쩌둥의 조각상이나 초상화를
모시는 사람들이 늘어나는 것은 그가 안전
과 행운을 가져다 줄 것이라 믿기 때문이다.
택시 기사들은 사고를 예방해 준다며 마오쩌둥의
사진을 마치 부적처럼 자동차에 장식해 놓
고 오늘의 안전을 기원한다. 공사 기공식
때도 마오쩌둥의 초상화를 걸어 놓는가
하면 심지어 반일시위 현장에도 마오쩌
둥의 초상화가 등장해 마오쩌둥의 그림
자가 중국 대륙 곳곳에 드리워져 있음을 알
수 있다.

마오쩌둥은 문화대혁명을 일으키며 미신 척결과 우상 타파에 목청을 높였던 인물이었다. 종교는 미신이라던 그가 이제는 신으로 환생해 사당에까지 모셔졌다. 어떤 지역에서는 마을 주민들

• 반일시위에 마오쩌둥 초상화를 들고나온 참가자. 마오쩌둥 초상화가 있기에 시위 진압이 어렵다고 한다.

이 합심해 사당을 세우고 복을 기원하고 있다. 모두 무허가로 운영되고 있지만, 마오쩌둥을 모신다는 특수성 때문에 관할당국이 철거도 못하고 있는 상황이다. 사당은 본래 부처님이나 공자와 같은 성인을 모시고 건강과 재물 운을 비는 곳이다. 그런 장소에 마오쩌둥을 신으로 모시는 것은 살아생전 막강한 권력을 가졌던 그가 죽어서도 특별한 힘을 발휘할 것이라 믿기 때문이다. 중국은 예로부터 유명인의 힘을 빌려 복을 비는 실용주의적인 종교관이 있었다. 이러

• 마오쩌둥 사당은 모두 허가를 받지 않은 불법임에도 불구하고 마오쩌둥을 모신다는 특수성 때문에 단속을 하지 못하고 있다.

한 실용주의적 종교관이 마오쩌둥에게도 신神이라는 새 신
분을 부여한 것이다. 마오쩌둥은 분명 중국인들에게 특별한
의미가 있는 인물이다. 그가 수많은 과오를 저질렀었음에도
불구하고 중국인들의 마음속에는 언제나 인자하고 지혜로
운 인물로 각인되어 있다. 물론 마오쩌둥에 대한 중국공산
당의 미화가 어느 정도 힘을 발휘한 것이기도 하다. 그러나
완전무결하게 포장된 마오쩌둥과 같은 인물을 필요로 하는
대중의 간절한 바람이 그를 신격화시키는 것일지도 모른다.

홍색 정치 ──────────────

　　마오쩌둥을 추종하는 사람들이 많다 보니 그를 정치적
도구로 이용하는 사례도 있었다. 충칭시重慶市 당서기였던
보시라이薄熙來는 마오쩌둥의 이념을 받드는 극좌파에 속한
인물로 친 인민, 분배우선주의와 부정부패를 일소하는 창홍
타흑唱紅打黑(사회주의를 예찬하고 범죄와 부패를 척결하자는 대
중운동) 운동으로 대중의 지지를 받았다. 보시라이는 충칭
시 언론을 장악하며 공산주의 회귀운동까지 벌였고 빈부 격
차와 관료부패 문제에 시달리던 충칭시민들은 개혁개방 이
전으로 돌아가자는 그의 주장을 환영했다. 홍색 정치를 슬
로건으로 내건 보시라이를 두고 마오쩌둥 추종자들은 "마
오쩌둥의 진정한 후계자."라며 칭송했다. 반시장주의와 공

산주의적 색채가 강한 보시라이의 노선은 일명 '충칭모델'
로 불렸다.

보시라이가 혁명가를 부르며 대중의 인기를 얻자 중국
의 정치계는 보시라이를 경계하였다. 보시라이의 '창훙타흑
운동'이 사회주의 문화 부흥을 내걸고 중국을 혼란으로 몰
고 갔던 '문화대혁명'과도 너무 닮아 있었기 때문이다. 실제
로 보시라이는 부정부패 추방을 슬로건으로 자신의 정치적
라이벌들을 제거했었다. 그러다 자신의 오른팔이었던 왕리
쥔과 다투는 일이 발생했다. 왕리쥔은 신변의 위협을 느끼
고 미국으로 망명 신청을 하였지만, 중국과의 마찰을 우려
한 미국의 거절로 보시라이의 비리가 중국사회에 알려지게
되었다. 결국, 왕리쥔의 폭로로 무기징역을 선고받고 정치
생명을 끝내게 되었지만, 보시라이가 펼쳤던 마오쩌둥식 정
책이 왜 대중의 인기를 얻게 되었는지에 대해서는 생각해볼
만 하다.

● 마오쩌둥 사상을 강조하며 대중의 인기를 얻던 보시라이는
비리 사실이 폭로되면서 정치 생명이 끝나게 되었다.

홍색 열풍이 부는 이유 ────────

1. 지역 경제 활성화 정책

중국에서 불고 있는 홍색 열풍의 주역은 당연 중국 정부 당국이다. 개혁개방 이전부터 중국공산당은 매체를 통한 정치선전에 힘을 쏟았었다. 대중을 향한 정치선전은 중국공산당이 중국을 이끌어 가는 데 큰 응집력을 발휘했었다. 그러나 시장경제 도입이후 경제적 가치를 우선시하는 사회 분위기가 형성되면서 과거와 같은 정치선전은 큰 효과를 발휘하기 어려웠다. 이에 시대적 상황에 맞게 상업화를 결합한 이데올로기 교육을 강화한 것이 바로 홍색 열풍이다. 과거의 향수를 불러일으키며 공산당의 업적을 과시하는 한편, 소위 홍색 경제라는 새로운 경제적 효과도 발휘할 수 있었다.

중국공산당의 정치선전 도구인 홍색 열풍의 효과는 매우 뛰어나다. 개혁개방의 소외지였던 낙후 지역은 당과 정부의 적극적인 부양정책에 힘입어 홍색 관광지로 거듭났다. 지역 경제가 활성화되면서 소득격차에 따른 불만도 줄어들어 자연스레 애국심도 높일 수 있었다. 혁명 성지를 순례하는 홍색 관광이라는 상품이 공산당의 이미지는 고취시키고 지역 경제를 활성화키는 소위 두 마리 토끼를 잡을 수 있는 비결이었던 것이다. 다양한 국내관광산업이 있음에도 불구하고 홍색 관광 협력소조紅色旅遊工作協調小組라는 전담 부서만 유일하게 설치된 것을 보면 중국 정부가 홍색 관광지를 얼마나 중시하는지 알 수 있다.

2. 일당 지배의 정통성 강화

홍색 열풍이 부는 것은 철저한 의식교육을 통해 소련과 동유럽 공산국가들과 같은 몰락의 전철을 밟지 않으려는 중국공산당 고도의 전략이다. 사회주의 국가인 중국에서 공산당이 일당 지배를 유지하려면 역사적인 정통성과 국민들의 자발적인 지지가 필요하다. 그래서 중국공산당은 창당에서부터 국가 건립과, 경제 및 사회발전에 있어 성공의 역사를 써왔다고 자평하고 있다. 중국공산당이 일당 지배를 유지하기 위해 필요한 것이 바로 정통성을 확보하는 것이다.

중국공산당은 국가 권력을 효과적으로 유지하기 위해 사회주의 혁명을 이끌었던 과거 공산당의 업적을 찬양하고 현재의 공산당이 그들의 적통임을 표방하고 있다. 홍색 열풍은 과거 사회주의 혁명 시절의 열정과 희생 정신을 기억하는 데 초점이 맞추어져 있다. 학교 교육에서는 공산당이 중화민족의 수호와 투쟁에 나선 영웅적인 존재고, 중국의 발전을 성공적으로 이끄는 존재임을 부각시키는 데 주력하고 있다.

역사 교육에서도 제국주의와 낙후한 봉건사회의 모순을 부각시키면서 이러한 국가적 위기 상황에서 중국을 구원한 것이 바로 공산당임을 강조하고 있다. 이렇게 시작된 사상

교육은 혁명유적지를 답사하는 활동을 정규 과정에까지 포
함시키면서 공산당의 업적을 미화하는 등 다양한 방식으로
진행되고 있다. 이렇듯 중국 정부가 홍색 관광지나 홍색문
화 열풍을 주도하는 것은 중국공산당의 집권노선과 관련이
있는 것이다.

3. 내부 불만 완충

개혁개방 후 30년간 중국공산당은 자신들의 정치적 기반
이었던 노동자와 농민의 민심을 다스리지 못했다. 경제 규
모는 세계 2위로 도약했지만, 중국 내부는 극심한 빈부 격
차와 지역 간 발전 격차로 심각한 개혁개방의 후유증을 앓
고 있다. 소득분배의 불평등 정도를 나타내는 지니계수는
이미 1992년 사회 불안을 초래한다는 0.4를 넘었고 2010년에
는 0.61을 넘겼다. 중국국가통계국은 2013년 중국의 지니계
수가 0.473에 달해 2011년의 0.481, 2012년의 0.474보다 줄어
들었다고 발표했다. 그러나 이 지니계수가 현실에서 느끼는
체감과 큰 차이가 있다는 지적이 많다. 시난재경대학西南財經
大學에서는 다른 방식의 계산을 통해 2010년 실제 지니계수
는 0.61이라고 발표했다.

상하위 간 소득격차는 1985년 2.9배에서 2005년 9.2배,
2010년에는 55배까지 확대되었다. 이를 상위 5%와 하위
5%로 비교하면 무려 234배나 벌어진다. 경제성장에 따른
혜택은 일부 계층에게만 돌아가고 정부 주도의 집값 상승은

● 정저우의 한 상점에 젊은 남자가 들어와 종업원을 위협하며 경
찰과 대치했다.

민심 불안을 자극시키는 요인이 되고 있다.

이처럼 내부에 쌓인 불만들은 종종 극단적인 아노미 현
상으로 분출되어 불특정 다수를 상대로 한 흉기난동 사건과
같은 참극으로 이어지기도 한다. 사회 양극화와 급속한 도
시화의 부작용 때문이라고도 할 수 있지만, 사회체제에 대
한 불만이 불특정 다수에게 폭발하는 것이기도 하다. 중국
공산당은 민심을 다스리기보다는 당 지도체제를 더욱 공고
히 하기 위해 이미 죽은 마오쩌둥을 되살려냄으로써 지도자
로써의 정통성을 스스로에게 부여하고 있다. 오랜 일당 지
배체제의 그늘 속에서 자라난 부패문제와 민생문제에 대한
불만을 홍색 열풍을 통해 애국주의를 고취하고 만족도를 높
이는 방식으로 돌리는 것이다.

마오쩌둥이 옳았다면

사실 마오쩌둥은 신중국 건국의 아버지로 불리지만, 집권기에는 과도한 극좌파의 노선을 걸으며 중국을 혼란 속으로 몰고 갔었다. 극좌파의 노선은 대약진 운동 기간에 3,000만 명을 아사시켰으며, 문화대혁명의 혼란으로 수많은 희생자들과 문물이 파괴되는 정신적·물질적 고통과 아픔을 겪었었다. 그럼에도 불구하고 마오쩌둥이 사라지지 않은 것은 공산당 일당 지배체제를 유지하기 위해 마오쩌둥을 부정해서는 안 된다고 판단했기 때문이다. 마오쩌둥 사후 권력을 장악한 덩샤오핑은 사회주의식 시장경제를 표방하면서도 마오쩌둥을 부정하지 않았다. 덩샤오핑은 마오쩌둥을 노동자와 농민을 해방시키고 미국과 소련의 압력에서 국가를 지켜낸 영웅으로 치켜세웠다. 마오쩌둥이 중국을 승리로 인도한 토대 위에서 오늘날의 부강한 중국 탄생이 가능했다는 논리였다.

덩샤오핑과 중국공산당은 "마오쩌둥 동지가 오랜 혁명 투쟁 속에서 세운 위대한 공훈은 영원히 사라질 수 없는 것"이며 "일생의 대부분을 좋은 일을 했고, 여러 차례의 위기에서 당과 국가를 구해냈다."고 평가하고 있다. 덩샤오핑은 "마오쩌둥 동지가 없었다면 중국 인민은 아직도 암흑 속에서 더욱 긴 시간을 헤매고 있어야 한다."며 마오쩌둥을 긍정적으로 서술했다. 덩샤오핑의 평가와 함께 중국 정부의

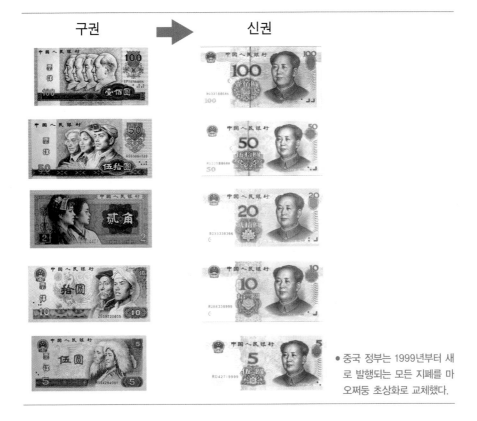

구권	신권

• 중국 정부는 1999년부터 새로 발행되는 모든 지폐를 마오쩌둥 초상화로 교체했다.

언론 통제와 과오 숨기기에 힘입어 마오쩌둥의 최대 실정으로 꼽히는 대약진 운동과 문화대혁명에 대한 평가는 거론조차 되지 못하고 있다. 중국공산당으로 대표되는 마오쩌둥의 과오에 대해서는 일정거리를 유지하면서도 일당독재체제를 계승하려는 이율배반적인 행동을 보이는 것이다.

비교적 소통이 자유로운 인터넷 공간에서는 "마오쩌둥이 옳았다면 왜 지금의 중국은 시장경제를 받아들였나."를 반문하고 있다. 또한 "역사적 인물을 공정하게 평가하는 것이 역사적 교훈과 경험을 쌓는 데 도움이 된다."며 공정한 평가를 요구하는 목소리까지 나오고 있다.

시진핑 시대에 들어서도 홍색 열풍이 사라지지 않는 것은 체제 안정화에 마오쩌둥을 적극 활용하고 있기 때문이다. 강력한 반부패 척결을 진행하는 동시에 청렴하고 인민을 위해 봉사하는 당과 시도부의 이미지를 마오쩌둥을 통해 각인시키고자 하는 것이다. 그러나 정치권의 의도와는 다르게 대중차원의 홍색 열풍은 사회주의 시대에 대한 그리움과 향수로 투사되고 있다. 극심해진 빈부 격차와 관료부패 등 각종 사회적 불만을 마오쩌둥 시기에 대한 회고로 나타내고 있는 것이다. 과거에는 비록 가난했지만, 평등했었고 적어도 현대 사회와 같은 갈등이 없던 평안한 시대였다고 기억하고 있다. 공동체 의식과 순수한 열정이 있던 시대를 동경하는 한편 현실에 대한 불만을 마오쩌둥을 추앙하는 방식으로 표출하고 있다. 그러므로 홍색 열풍은 혼란한 현대 중국 사회에서 정권을 유지할 특효약이 될 수 있지만, 자칫하면 현 정권을 부정하는 독약이 될 수도 있다.

여권 향상과
남녀평등의 현주소

UNVEILED FACE OF CHINA

2013년 세계경제포럼WEF에서 발표한 '세계 性평등 보고서'에서는 중국의 남녀평등 수준을 세계 69위로 평가했다. 여성의 경제 참여도와 기회, 교육 수준, 정치권력 분산, 보건 등 4개 분야로 나누어 조사한 결과 중국은 고등교육 및 여성의 노동시장 참여 정도가 한국(111위)이나 일본(105위)보다 월등히 높은 수준인 것으로 나타난다. 아직까지 선진국 수준은 아니지만, 아시아 국가에서 중국은 여성의 지위가 비교적 높은 수준에 이른 국가라고 할 수 있다. 비록 지역 간, 도시와 농촌 간 여성의 사회적 지위가 다르게 나타나기도 하지만, 아시아 평균으로 봤을 때 중국 여성의 지위는 중국 역사상 가장 높은 수준이라 보아도 무방할 정도다.

근세기 들어 남녀차별에 대한 논쟁은 수없이 있어왔다. 성적性的인 차이로 말미암아 남성이 생산수단을 장악하면서 부계사회로 전환된 것이 남녀차별의 근원이자 불평등을 정착시킨 한 원인이었다. 이와 함께 중국에서 시작된 유교문화의 영향으로 남존여비의 의식은 당연하듯 우리의 정서 속에 굳어져 갔다. 현대 사회에서도 마찬가지다. 노동시장에서 여성은 단지 여성이라는 이유로 다양한 차별과 불평등을 경험하게 되는 경우가 많다. 그러나 정작 유교문화의 발생지였던 중국에서의 여권 향상은 우리와는 정 다른 방향으로 전개되었다. 건국 이전부터 중국공산당은 남녀평등 정책에 있어서 진취적이면서도 혁신적이었다. 이는 지리적으로 인접해있는 한국이나 일본과도 다른 독특한 변화 중 하나였다.

중국공산당의 혁신적인 정책으로 중국 여성들은 봉건적 예속과 사회적 불평등에서 해방되었고 권위주의적 남성문화는 사라지게 되었다. 아시아 국가들에 비해서, 또는 과거에 비해서 중국 여성들의 권위는 분명히 향상됐다. 하지만 현대 중국사회가 완벽한 남녀평등을 구현하고 있다고 보기는 어렵다. 오히려 시장경제 논리가 지배하는 사회로 접어들면서 남녀평등 정책은 후퇴하는 양상까지 보이고 있다. 13억이 넘는 거대 인구에 그 절반을 차지하는 여성들은 여러모로 뛰어난 능력을 가지고 있을 수 있다. 그러한 저력이 중국의 발전에 큰 역할을 할 수 있음에도 불구하고 능력을 인정받을 기회를 잃어가는 건 매우 안타까운 일이다. 이처럼 중국 여성들이 어떻게 여권을 향상시켜왔고 남녀평등이 어떠한지에 대한 논의는 한번 짚어볼 만한 주제다.

남녀평등의 역사 ―――――

건국 이전

근대 이전 전통 중국의 질서를 지배하던 유교사상은 남존여비男尊女卑라는 원칙아래 남녀 간의 불평등을 용인해왔다. 유교적인 가치관 아래 여성의 사회적 참여는 배제되었고 고등교육을 받는 것 또한 극히 제한적이었다. 아편전쟁 이후인 근대에 접어들어서야 서구식 남녀평등과 여성 해방 사상이 유입되면서 여성의 사회적 지위에 대한 논의도 일어날 수 있게 되었다.

여권女權 향상에 대한 논의는 국민당과 공산당에 의해 동시에 진행됐다. 그러나 지지기반이 다른 두 정당의 특성상 여권 향상은 전혀 다른 방향으로 전개되었다. 1912년 수립된 국민당 정부는 정권을 장악한 1927년에 이르러서야 여성

● 가부장적인 중국사회에서 여러 명의 첩을 두는 것은 남성의 신분과 부를 상징하였기 때문에 당연시되었다. 축첩제도는 고대부터 1949년 신중국 건국 이전까지 존재했다.

의 법적 지위를 개선하기 위한 법령과 규칙을 반포했다. 법률적으로 남녀 구별 없이 모두가 평등하다는 헌법이 제정되었지만, 축첩蓄妾이나 재산 권리에 있어서는 여전히 남성의 권위가 남아 있었기 때문에 완전한 남녀평등 사회가 실현된 것은 아니었다. 자본가와 지주계급의 이익을 대변했던 국민당 정부에 있어 진보와 개혁은 매우 어려운 난제였다.

　그러나 중국공산당은 남녀평등에 있어 매우 진취적이고도 진보적이었다. 마르크스 사상을 중심으로 창당된 중국공산당은 계급차별과 착취가 없는 평등한 사회 건설을 목표로 하였다. 여기에는 핍박받던 중국 여성의 권위도 포함이 되어 있었다. 중국공산당은 혁명 근거지를 중심으로 일부다처제와 매매혼, 민며느리제도 등을 폐지하고 남녀평등과 자유혼인을 원칙으로 하는 새로운 혼인법을 제정하였다. 이혼법에서도 자녀의 부양과 재산분할을 평등의 원칙에 따라 처리하도록 했으며, 공산당 산하에 있던 소학교에서는 여학생의 수가 50%를 차지해야 한다는 규정을 제정해 여성에게도 남성과 동등한 교육의 기회를 제공하도록 했다.

● 중국공산당이 장악한 지역의 법령에 남녀평등이 명시되면서 여성들도 남성들과 동등한 교육의 기회를 갖게 되었다.

중국공산당이 건국 이전까지 제정한 수많은 여성 관련 정책과 법령으로 인해 중국 여성의 법적 지위는 크게 향상되었다. 법적 제도를 바탕으로 많은 여성들은 불평등한 혼인관계에서 벗어나 평등하고 자유로운 결혼 생활을 유지할 수 있었고 경제적, 정치적인 적극성을 띨 수 있었다. 중국공산당의 진보적인 사상은 많은 여성들을 끌어들이는 매력이 되었다. 실제로도 공산당 지배하에 있던 지역에서의 여권 문제가 현저히 개선되면서 많은 여성들이 자발적으로 홍군에 가입하였다. 여성 노동자와 여성 농민의 지지는 국민당에 비해 수적으로 열세였던 중국공산당이 신중국을 건국하는 데 큰 밑거름이 될 수 있었다.

건국 이후

• 국공내전 당시 중국공산당의 진보적인 사상에 감명 받은 여성들이 홍군에 자원 입대하면서 전력 향상에 큰 도움을 주었다.

1949년 신중국 건국 이후 중국 여성들은 봉건적이고 가부장적인 제도에서 벗어나는 새로운 기회를 얻게 되었다.

중국 정부는 남녀평등을 원칙으로 하는 헌법을 명문화시켰고 여성들에게는 평등과 해방을 약속했다. 남녀평등의 실천은 사회주의의 우수성을 대내외에 입증하는 증거이기도 했다. 이 같은 변화는 여성들에게 새로운 시대가 도래한 것처럼 보였다. 남녀평등의 기치 아래 여성은 가정이라는 울타리를 벗어나 사회주의 국가 건설에 뛰어들었다. 여성 해방은 사회수의 국가 건설에 기여하는 것으로 실현될 수 있었고 노동의 참여를 통해서만이 경제적 독립이 가능하다고 여겨졌다. 이러한 인식 하에 도시 여성들은 공유제 기업의 중요한 노동력 자원으로 흡수되어 남성 못지않은 역할을 담당하게 되었다. 여성들의 노동 참여가 확대되면서 1949년 약 60만 명(전체 근로자의 7.5%)에 불과했던 여성 노동자 수는 1957년 328만 6천 명(13.4%)으로 점차 증가되었다.

● 여성의 경제적 자립이 남녀평등의 초석이 된다는 원칙 아래 농촌 여성들도 자신 명의의 토지를 분배받았다.

농촌의 토지제도 개혁도 여성의 경제적 자립에 초점이 맞추어져 있었다. 신중국 건국 초기 중국공산당은 지주들의 토지를 몰수하여 농민들에게 균등하게 분배하는 정책을 실시했다. 균등분배의 원칙은 남녀를 구분하지 않는 식구 수에 따른 배분이었다. 이러한 원칙에 따라 농촌 여성들은 처음으로 자신 명의의 토지를 갖게 되었고 이는 경제적인 자립심을 확보하는 근간이 되었다. 이후 혼인법, 선거법 등 법적으로 여성의 지위를 보장하는 정책들이 실시되면서 여성의 권익은 향상되었다.

그러나 중국사회에 뿌리 깊게 박혀 있던 가부장적인 권위까지 일시에 사라졌던 것은 아니었다. 도시 여성 노동자의 소득은 가족이라는 이름 하에 남편에게 돌아갔고 농촌 여성에게 할당된 토지도 실질적으로는 가장인 남편이 관리하였다. 가정 내에서의 아내, 어머니로서의 역할에도 큰 변화가 없어서 여성들은 오히려 가정과 사회적 일을 동시에 떠맡아야 하는 이중 의무를 지게 되었다.

대약진 운동 이후

여성의 지위가 본격적으로 향상됐던 시기는 1958년에 시작된 대약진 운동 이후다. 대약진 운동은 인력에 의존하는 노동집약적 산업화 방식에 초점이 맞추어져 있었다. 따라서 대약진 운동을 성공시키기 위해서는 막대한 노동력을 차

출해야 했다. 중국 정부는 사회주
의 계획경제 건설이라는 목표 하에
가정에 구속되어 있던 여성의 노동
력을 사회경제부문에 투입하고자
했다. 생산력을 극대화시키기 위해
도시에는 '단위'가 농촌에는 '인민
공사'가 설립되었다. 단위와 인민
공사에는 공동식당, 탁아소, 유치
원, 양로원, 학교, 병원, 세탁소 등
의 시설이 갖추어져 있어 여성의
가사노동을 대신할 수 있었다.

● 대약진 운동 시기에는 공동 식당이 개설되어 여성들
이 가사 업무에서 해방되었다.

가정 내에서 여성이 담당했던
전통적인 역할이 단위나 인민공사
와 같은 집단으로 이전되면서 여성
이 생산 활동에 참여할 수 있게 되
었다. 이로 인해 여성의 사회적 지
위도 사회주의 혁명운동과 함께 향
상되어 나갔다. 남녀평등의 원칙에

● '일하는 여성은 위대한 혁명의 역량'이라는 표어의 대
약진 운동 시기 선전 포스터

따라 여성들도 남성들과 똑같이 일자리를 분배받았고 동일
한 수준의 복지도 제공되었다. 여성들이 국가의 노동력 자
원으로 차출되었지만, 그에 상응하는 권리를 돌려받았던 것
이다. 대약진 운동 시기 여성들이 국가의 동원 정책에 참여
하게 되면서 가정에서의 역할은 사라지고 전통적인 의미에

서의 남녀 역할은 차츰 소멸되었다.

여성들의 노동 참여가 의무화되면서 당시 여성들의 취업률은 최고 90%까지 다다랐다. 산업이 충분히 발전하지 못한 시대였기 때문에 여성이 참여할 수 있는 일자리 수에

● 가사 업무에서 해방된 여성들은 국가가 주도하는 사업에 투입되었다.

는 한계가 있었지만, 정원 가꾸기나 청결조사요원, 지역 순찰대 등의 사회조직이 운영되면서 여성 노동력을 흡수할 수 있었다. 도시 여성들은 남녀평등의 원칙에 따라 동일한 일자리와 임금을 제공받는 것 외에도 출산 전후의 유급 휴가 등의 제도적 혜택을 누릴 수 있었다. 도시 가정에서는 아내의 소득이 가족 경제에 중요한 몫을 차지하게 되면서 여성의 발언권이 강해졌고 전통적인 남녀 역할도 점차 희석되어 갔다.

반면 봉건적 관습이 강하게 남아 있던 농촌의 여성들은 낮은 효율의 생산에만 종사하거나 남녀차별 의식 속에서 생활하였다. 특히 대약진 운동이 실패하면서 가족제도의 개선이나 남녀평등, 여성 해방은 더 이상 논의되기 어려웠다. 오히려 대약진 이전과 같이 사회적 의무와 가정에서의 역할을 동시에 짊어져야 하는 상황이 되었다. 대약진 기간에 남녀평등을 모토로 내걸었

던 것은 여성의 노동력을 국가사업에 동원하기 위함이었지만, 그럼에도 불구하고 이 시기가 주는 의미는 인식의 전환을 유도했다는 것이다. 이 시기를 거치면서 여성들은 남성과 똑같은 역량을 발휘할 수 있다는 자신감을 얻게 되었고 남성들도 여성의 가치를 무시하는 생각을 버려야만 했다. 현실 세계에서 여성의 삶에 큰 변화가 온 것은 아니었지만, 여성의 가치를 재확인 시켜줬다는 점에서는 소기의 성과는 얻었다고 할 수 있다.

여성상의 변화

대약진 운동을 거치면서 여성상에 대한 변화도 나타나기 시작했다. 우선 여성을 부르는 호칭에 변화가 생겼는데, 여성을 경시하는 색채를 띠었던 샤오지에小姐; 아가씨나 쭈어판더做飯的; 밥하는 사람, 우리더屋裏的; 집사람와 같은 호칭은 사라지고 대신 퉁쯔同志; 동지나 아이런愛人; 아내이 이를 대체하는 호칭이 되었다.

이후 문화대혁명을 거치면서는 생리적인 차이를 뛰어넘을 정도로 남녀평등은 극단화되었다. 1965년 마오쩌둥은 "남성동지가 할 수 있는 일은 여성동지도 할 수 있다男同志能辦到的事情, 女同志也能辦得到."라며 사회주의 국가 건설에는 성별의 차이가 없다고 강조했다. 이 시기 여성 노동계급과 혁명

● 강한 여성이 사회
적으로 부각되면
서 남성이 전담하
던 업무에 여성이
투입되었다.

영웅에 관한 책은 최고의 베스트셀러가 되었고 강인한 여성
이 주인공으로 등장하는 영화도 제작되면서 큰 인기를 끌었
다. 강인한 여성이 사회주제로 떠오르면서 '철의 여인鐵姑娘'
이나 '강한 여성女强人'과 같은 사회주의 여성상이 내세워졌
다. 이로 인해 중노동이 요구되는 제철, 광산, 벌목 등 전통
적인 남성 중심의 직업에도 여성들이 투입되는 현상이 생겨
났다. 여성은 남성과 똑같이 생산에 참여함으로써 여성 해
방을 달성할 수 있었고 남녀평등은 여성 스스로 생리적인
차이까지 극복해야만 완성되는 것으로 인식되었다.

　　외부적으로는 공자를 비판하는 운동이 거세게 이어졌고
이러한 분위기 속에 전통적인 가부장제도 역시 혹독한 비판
의 대상이 되었다. 문화대혁명 10년의 과정 속에서 사회는
자기 주장을 굽히지 않는 여성상을 요구하였고 남성들도 이
에 동조하게 되었다. 가부장적인 권위의식은 평등주의에 역
행하는 것이었기에 여성들과 가사를 분담하거나 여성의 결
정권을 존중하는 문화가 자리 잡기 시작한 것이다. 사회주
의 혁명과 더불어 여성 해방을 강조한 마오쩌둥 덕분에 중

국 여성들이 존중받는 문화가 형성되었다. 이로서 중국에는
아내의 손님을 접대하고 아내의 말에 귀 기울이며 순종하는
남편이 보편적인 남성 상으로 자리 잡게 되었다.

남성상의 변화 ─────────────

중국어로 치관옌氣管炎; qì guǎn yán이라는 말은 '기관지염'
을 뜻한다. 이와 유사한 발음인 치관옌妻管嚴; qī guǎn yán은 '부
인이 엄격하게 관리한다'는 뜻으로 우리의 '공처가'를 의미
한다. 중국인들은 우스갯소리로 "나 기관지염에 걸렸어."라
고 말한다. 그러니까 "나 집사람한테 꽉 잡혀 살아."를 우
회적으로 표현하는 것이다. 비록 언어유희긴 하지만 이러한
농담에서 알 수 있듯이 중국의 남편들은 더 이상 가부장적
이지 않다. 며느리들도 시어머니를 어려워하지 않고 시어머
니도 며느리를 구박하지 않는다. 그래서 고부간의 갈등으로
부부 금슬에 문제가 생기는 일도 적다. 중국 남성의 15%,
여성의 9%만이 "여성이 남성에게 의존하고 있다."고 답할
정도로 중국 여성들의 자립심은 매우 크다. 그리고 남성의
91%가 여성의 사회 활동을 찬성해 대다수의 남성들은 아내
가 집에만 있는 것은 원하지 않는다.

그러니 남성들은 가능한 가사노동에 있어서는 많은 역

●남녀평등이 실현
되면서 아내에게
순종하고 가사에
적극 나서는 남성
들이 늘어나기 시
작했다.

할을 하려고 한다. 2014년 OECD 조사를 보면 중국 남성은 매일 장보기와 청소 같은 가사에 91분을 소비하고 있어 한국(45분)이나 인도(52분), 일본(62분)에 비해 상당히 많은 시간을 가사노동에 할애하고 있는 것으로 나타난다.

베이징사범대학교 조사에서는 중국 남성들의 가사노동 분담률이 미국이나 유럽 등 서구 선진국들보다 훨씬 높았던 것으로 조사될 정도로 가정적인 남성들이 많다. OECD국가들과 비교했을 때 중국 남성들의 가사 시간이 많다고는 할 수 없지만, 다른 아시아 국가들과 비교했을 때는 매우 높은 수준이다.

중국의 남녀평등 수준이 우리보다 나은 이유는 바로 대를 잇는 학습 효과의 힘이 크게 작용하기 때문이다. 중국 여성의 노동시간은 1일당 574분, 남성은 537분으로 여성의 노동시간이 남성보다 더 많다. 반면 휴일 휴식시간은 여성이 240분, 남성이 297분으로 여성들은 노동시간이 많음에도 휴식시간은 적다. 평등주의를 외치며 강조해 온 남녀평등이

여성의 역할을 높이면서 사회에서나 가정에서 여성의 역할
과 발언권은 높아졌다.

　남편은 가정 내에서 부인과 비슷한 역량의 가사를 해야
했고 여성들도 사회에서 남성들과 비슷한 역량의 노동을 해
야 했다. 이러한 과정 속에서 남성들의 가부장적인 의식은
사라졌고 자녀들은 부모의 역할을 보며 자연스럽게 체득했
다. 이처럼 중국의 남녀평능 의식은 가정에서부터의 학습효
과가 크다고 볼 수 있다.

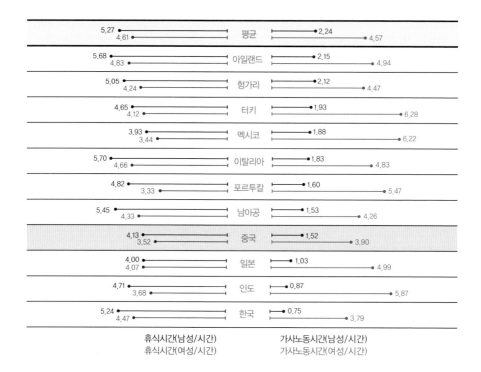

	휴식시간(남성/시간)	가사노동시간(남성/시간)
평균	5.27 / 4.61	2.24 / 4.57
아일랜드	5.68 / 4.83	2.15 / 4.94
헝가리	5.05 / 4.24	2.12 / 4.47
터키	4.65 / 4.12	1.93 / 6.28
멕시코	3.93 / 3.44	1.88 / 6.22
이탈리아	5.70 / 4.66	1.83 / 4.83
포르투칼	4.82 / 3.33	1.60 / 5.47
남아공	5.45 / 4.33	1.53 / 4.26
중국	4.13 / 3.52	1.52 / 3.90
일본	4.00 / 4.07	1.03 / 4.99
인도	4.71 / 3.68	0.87 / 5.87
한국	5.24 / 4.47	0.75 / 3.79

휴식시간(남성/시간)　　　　　가사노동시간(남성/시간)
휴식시간(여성/시간)　　　　　가사노동시간(여성/시간)

여성을 위한 정책 ——————————

정치부문

가정이나 직장에서 여성들의 역할과 노동의 강도는 남성들과 큰 차이를 보이지 않았지만, 정치 부문에 있어서는 많은 차이를 보였다. 1954년 제1대 전국인민대표의 성별을 보면 남성은 1,079명(88%)인 반면 여성의원은 147명(12%)에 불과했다. 이후 여성 인민대표 수는 꾸준히 증가하여 2013년에는 23.4%를 차지해 세계 평균인 21.8%보다 높아졌다. 정책 결정 과정에 여성들을 적극 참여시키기 위해 적정 수의 여성대표를 두도록 한 것이 효과를 발휘한 것이다. 중국 정부는 여성의 정치적 지위를 제고提高시킨다는 목표 하에 각 부문에 최소 1명 이상의 여성 간부를 두도록 의무화하였다. 그러나 오랜 기간 신장된 여권 향상에 비해 여성의 정치 참여는 여전히 낮은 수준에 머물러 있다. 총인구에 비해 여성대표는 소수에 불과하고 직급이 높아질수록 이러한 현상은 더욱 뚜렷하게 나타난다.

고위직에서의 역할은 제한적이지만, 사회조직인 여성기구 전국부녀연합회中華全國婦女聯合會의 역할은 매우 크다. 전국부련은 중국 여성의 이익을 대표하고 남녀평등을 추진하기 위해 조직되었는데, 우리의 여성가족부와 비슷한 역할을 하고 있다. 여성권익 보호와 가정폭력문제, 이혼, 재산 상속 등에서 여성을 대표하고 있으며, 의회의 법률 집행감독에 직접 참가하기도 한다. 사회단체로 구분되어 있지만, 공산당과의 긴밀성, 여성문제를 전담하는 정부기구가 없기 때문에 사실상 여성정책기구로의 기능을 하고 있다.

복지부문

중국 정부는 1949년 건국 이전부터 여성근로자와 관련된 정책을 제시하고 시행해왔다. 여성고용에 관한 법제는 〈헌법〉을 기본법으로 하여 〈노동법〉, 〈부녀권익보장법〉, 〈여성근로자노동보호규정〉, 〈여성근로자 금지노동범위의 규정〉 및 각 지방 단위의 법규들로 되어 있다.

> **헌법:** 여성들은 경제 활동에서 남녀평등의 권리를 향유한다.
> **노동법:** 채용에 있어 여성 적합 직업은 여성을 우선 채용해야 한다.
> **여성근로자노동보호규정:** 결혼, 임신, 출산을 이유로 해고하지 못한다.

이러한 내용을 정리해 보면 평등 취업, 차별금지, 동일 임금에 관한 규정들로 구성되어 있다는 것을 알 수 있다. 만약 직장에서 여성을 차별하거나 성추행이 발생했을 경우에는 고용 업체에게 5~30만 위안의 벌금을 부과하는 등 강도 높은 처벌을 하고 있다. 성적인 차별뿐만 아니라 여성의 생리적인 부분도 고려하도록 하고 있다. 고용업체들은 여성근로자가 생리기간이거나 임신 중일 때는 국가에서 규정한 3급 노동 강도에 해당하는 작업에 배치하지 못하도록 하고 있으며, 임신 7개월부터는 야간 작업도 금지한다. 이 역시도 위반하는 고용업체에게 5~30만 위안의 벌금을 부과한다.

〈여성근로자노동보호규정〉의 내용을 살펴보면 고용업체는 자녀를 출산한 여성근로자에게는 98일의 유급휴가를 주어야 한다. 난산일 경우에는 15일을 추가할 수 있다. 만약 쌍둥이 이상일 경우에는 아이 한 명당 15일을 추가해준다. 만 4개월 미만에 유산을 했다면 15일의 휴가를 주어야 하고, 만 4개월에 넘어 유산을 했다면 42일의 휴가를 주어야 한다. 출산 수당은 생육(출산)보험에 가입한 경우에는 생육보험에서 미가입자에게는 고용업체가 지급한다. 출산이나 유산 의료비 지급도 이와 동일하다. 이외에도 고용업체가 산모의 특수성을 고려하여 매일 1시간의 수유시간을 제공하도록 하고 있다. 여성근로자가 많은 업체는 여성 전용 보건실과 산모휴게실, 수유실 등을 갖추어야 한다. 이와 같은 규정을 어긴 업체는 피해 여성근로자 1인당 1,000~5,000위안을 기준으로 벌금을 부과한다. 아울러 출산한 산모는 1년간 해고를 하지 못하도록 하고 있다. 회사에 감원바람이 불면 임신을 해야겠다는 농담까지 나오는 이유가 이처럼 여성근로자를 배려하는 정책이 잘 정비되어 있기 때문이다.

교육부문

중국 정부가 양성평등을 위해 교육 발전에 힘쓴 결과 중국 여성들은 9년제 의무교육에서 남성들과 평등한 교육의 권리를 누리고 있다. 건국 이전부터 중국 정부가 여성이 교육에서 차별 받지 않도록 하면서 여성의 평균 교육 기간은 꾸준히(2011년 기

● 남녀평등 포스터

준 8.8년) 늘어났다. 아직 남녀 간에 1.5년의 격차가 나지만, 1990년의 1.9년에 비하면 지속적으로 줄어들고 있는 추세다. 의무교육의 심화와 중앙정부의 노력으로 매년 300만 명의 문맹자를 감소시키는 성과를 얻어내면서 여성문맹률은 1990년 31%에서 2000년 11%, 2008년에는 9%로 줄어들고 있다. 교육연한이 경쟁을 위한 개인자원의 핵심 요소라면 교육 영역의 양성평등 종합지수는 꾸준히 향상되고 있다.

1990년대 후반부터 고등교육 제도 개선에 매진한 결과 남녀 간의 비율도 비슷해지고 있다. 대학 재학생 성적 우수자의 비율도 여학생이 남학생보다 높은 64%를 차지한다. 여성들의 교육력이 강화되는 것은 중앙정부의 교육정책과 함께 한 자녀 정책이 시행되면서 교육자원이 여성들에게도 집중될 수 있었기 때문이다. 한 자녀 정책으로 인해 딸에게

도 동등한 교육의 기회가 부여되면서 여성들의 학력 수준이
높아지고 있는 것이다.

개혁개방 이후의 남녀평등 ────────

　개혁개방 이후에는 여성의 취업난이 가중되고 남녀평등
이 퇴보하고 있다는 지적이 강하다. 개혁개방 이후 중국사
회에서 가장 우선시되었던 것은 경제를 재건하는 것이었다.
계획경제 시기 국영, 국유, 집체기업들은 종신고용과 보편
적인 복지제도를 제공히는 대신 낮은 임금을 지급하였지만,
수요를 초과하는 노동자를 고용함으로써 만성적인 적자 상
태였다. 기업의 대부분이 적자 상태였지만, 계획경제의 특
성상 국가가 기업의 적자를 메워주었기 때문에 여성의 고용
보장이 가능했었다. 그러나 개혁개방이 기업들로 하여금 합
리적이고 자율적인 생산을 허용하게 하면서 효율성을 위한
구조조정을 감행할 수 있게 되었다. 그로인해 1992년 이후
부터는 구조조정이 시작되면서 해고 당하는 노동자의 수가
급증하게 되었다. 1993년 해고下崗: 샤강된 도시 노동자는 54만
명에 불과했으나 1997년에는 571만 명에 달했다. 이때 퇴출
1순위로 꼽혔던 대상이 바로 여성과 고령자들이었다.

　국유기업 개혁이 본격화된 1997년 전국에서 해고된 노동
자 중 여성은 절반이 넘는 59.2%를 차지했고 일부 지역에

서는 67%가 넘었다. 당시 전체 노동자의 39%만이 여성 노동자였던 것을 감안하면 여성의 해고율은 매우 심각한 수준이었다.

정부가 여성 노동자를 보호하기 위해 1988년 제정한 〈여직공노동보호규정〉은 오히려 여성 노동자들을 직장에서 배척시키는 원인이 되었다. 보호규정에 따라 기업은 여성들에게 넓은 화장실과 수유실, 탁아소, 유치원 등과 함께 생리, 수유, 육아에 따른 휴가와 별도의 휴식시간도 제공해야 했다. 기업이 이윤을 최고의 목표로 설정한 시대에 접어들면서 여성의 모성 비용을 기피하는 기업은 늘어만 갔다. 실제로 1997년 전국총공회에서 423명의 기업관리자들을 대상으로 한 조사에서는 "신규인력 채용 시 남성을 선호한다."는 답변이 71.6%에 이르렀다. 개혁개방이후 직장을 찾으려는 여성들과 실업 후 재취업하려는 여성들 모두 남성들보다 불리한 상황에 처하게 되었다. 여성 노동자를 보호하기 위한 규정들이 오히려 여성고용을 기피하게 만든 것이다.

결국, 자유경쟁 체제로 돌입하면서 전문성과 고급기술이 부족한 여성들은 경쟁력이 없는 집단으로 내몰려 취업에 불이익을 당하게 되었다. 치열한 경쟁사회로 돌입하면서 개혁개방 이후 중국사회에서는 남녀평등, 여성 해방이라는 구호가 점차 줄어들게 되었다.

남녀평등의 현주소

성별의식을 나타내는 여성의 권리, 가사노동의 분담, 동등한 상속권 등 전반적인 여성의 권리가 신장됐음에도 불구하고 남녀평등은 계획경제 시기에 비해 후퇴하였다. 실제로 현대 사회에서 여성들은 취업, 임금, 퇴직 등에서 남성보다 불평등한 대우를 받고 있다.

2014년 중국의 법적 퇴직 연령은 남자 만 60세, 여자 만 55세다. 성별에 따른 퇴직 연령 차이는 5년이지만, 실제적으로는 여성의 대부분이 만 50세 이전에 퇴직을 하기 때문에 남성과 약 10년의 퇴직 연령 격차가 발생한다. 육체노동자의 경우에도 남성은 만 55세, 여성은 만 45세를 퇴직 기준으로 삼고 있어 이 둘 간의 격차도 10년이 발생한다. 이에 더해 조기퇴직을 권고 받는 사람의 대부분도 여성이어서 차별정년을 강요당하고 있다.

1949년 7.5%에 불과했던 여성의 취업률은 1982년 43.7%에서 2012년에는 74%를 넘어섰다. 이는 2014년 한국의 41%, 일본의 42%보다 훨씬 높은 수준이다. 남성취업률도 83%이기 때문에 중국 여성의 취업률은 상당히 높은 수준이

라고 볼 수 있다. 그러나 소득 부문을 살펴보면 내용은 전
혀 다르다. 세계경제포럼은 2011년 중국의 남녀 간 소득격
차는 1:0.65라고 발표했다. 전국부녀연합에서도 중국 도시
와 농촌 여성의 연평균 소득이 각각 남성소득의 67.3%와
56%에 불과하다고 보고했다. 여성들의 교육연한은 늘어났
지만 고임금 직종은 남성이 독점하고 저임금 직종에 여성이
집중되면서 남녀 간의 소득격차가 발생하고 있다. 남녀 간
의 소득격차는 학력 수준과 관계없이 벌어지고 있다. 오히
려 여성의 학력이 높아질수록 남성과 소득격차가 더욱 벌어
지는 현상까지 발생하고 있다. 2011년 중국의 대학졸업생들
을 대상으로 조사한 결과 대학을 갓 졸업한 여성의 소득은
월 2,243위안으로 남성과 330위안의 격차를 보였다. 석사 졸
업생의 경우에는 남성이 4,438위안의 소득을 올릴 때 여성
은 815위안이 적은 3,623위안에 불과했다. 이 같은 소득격차
가 발생하는 이유는 남성이 여성보다 좀 더 고소득 직종에
몰려있기 때문이다. 성별의 특성을 감안한 분업 형태가 확
대되면서 여성과 남성의 소득격차 역시 확대되는 상황이 만
들어지고 있다. 특히 고학력으로 올라갈수록 여성들이 일할
수 있는 일자리는 제한적이다. 그렇다보니 여성들은 저소득
직종으로 몰리게 되고 남녀 간의 소득격차가 발생하는 것
이다.

여성의 83%가 자신의 능력이 남성보다 뒤떨어지지 않는
다고 생각하지만 현실에서 여성들은 낮은 직위와 저소득 직

종으로만 몰리고 있다. 여성들의 노동시간은 길지만, 임금
은 적게 받고 고용 업무배치와 승진에서의 불평등을 감수해
야 한다. 양성평등을 위해 제도개선과 더불어 사회구성원의
의식이 바뀌어야 하지만, 남성의 61%, 여성의 54%가 전통
적인 성별분업을 당연시 하고 있다. "일하는 것보다 시집을
가는 게 낫다."라는 인식도 남녀 모두 10년 전에 비해 10%
나 증가해 전통적인 관념이 다시 살아나고 있는 듯한 현상
을 보이고 있다.

계획경제 시대에는 남녀평등이라는 명목 아래 형식적으
로나마 평등주의가 이행되었다면 자유경쟁 체제에서는 사

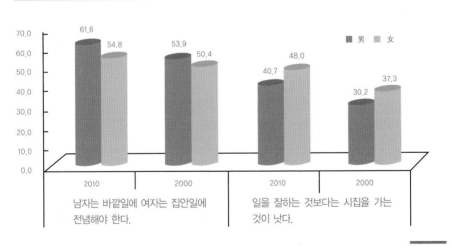

2011년 제3차 전국부녀연합 여성사회지위조사 보고
남녀 성별 인식 변화 현황

람들의 의식마저 전통으로 회귀하는 현상을 보이고 있다. 이 같은 변화로 인해 중국의 남녀성평등 수준도 지속적으로 하락하고 있다. 2008년 세계경제포럼WEF은 중국의 성평등 수준을 세계 57위로 평가했지만, 불과 6년 뒤인 2014년에는 20계단이나 떨어진 87위로 평가했다. 시장경제가 심화될수록 여권이 하락하고 있다고 해도 과언이 아니다.

2011년 중국국무원에서는 〈중국부녀발전요강〉을 발표하며 향후 정책적인 차원에서의 여성발전 계획을 제시했다. 여성들로 하여금 남성과 동등한 취업권과 노동권을 갖게 하여 전체 취업자 중 여성 비율이 40% 이상이 되도록 하겠다는 것이다. 그러나 국가의 통제력이 점차 시장의 힘으로 넘어가는 상황에서 과거 계획경제 시대 때처럼 이를 법적으로 강제하는 것은 시대착오적인 발상일 수 있다. 현재의 문제는 여성의 가정으로의 회귀가 아니라 남녀유별이라는 인식으로의 회귀다.

변화하는 중국인의
性 인식

식색성야食色性也라는 말이 있다. 맹자와 같은 시대를 살았던 고자告子는 "인간이 갖고 있는 여러 욕심 중에 하나는 음식食이고 다른 하나는 성욕性慾이다."라고 했다. 고자는 식욕과 성욕을 인간이 선천적으로 가지고 있는 고유한 본성이라고 생각했다. 이 두 본성을 선이라고도 악이라고도 표현할 수 없는 매우 자연스러운 욕망으로 규정한 것이다. 그러나 이 두 본성은 인류 문명이 발전하면서 서로 다른 방향으로 진화했다. 식욕은 하나의 식문화로 발전한 반면, 성욕은 부끄러운 것으로 간주되어 점점 음지로 숨어들어야 했다. 인류학자들은 문명이 발전할수록 인간의 성은 점점 음지로 숨어든다고 한다. 그렇게 본다면 초기 인류의 성性 문화는 상당히 자유로웠을 것이다.

중국인들의 성性인식도 크게 다르지 않았다. 고대 중국

인들은 남녀의 성은 그 자체가 자연에 순응하는 것으로 이를 문란함과 연관 짓지 않았다. 오히려 정력, 기교 등을 연구하며 이를 논하기도 했다. 그러나 문명이 발전하면서 성은 점차 폐쇄적으로 변해갔고 음지 속에서 기형적인 성 문화까지 등장했었다. 중국이 사회주의 국가 시대로 접어들면 성문화는 퇴폐풍조 철퇴라는 기치 아래 성을 문란하고 불순한 것으로 치부해버렸다. 성욕은 사회주의 문명국가 건설의 이름하에 논의는커녕 철저하게 억압을 받았다. 그러나 지금의 중국은 성에 대해 보다 자유롭고 개방적인 태도를 보인다. 누구나 자유롭게 애정 표현을 하고 아무도 간섭하지 않는다. 하지만 성이 자유로워질수록 외도나 성매매, 난교 등 더 많은 문제가 양산되고 있다. 폐쇄는 폐쇄대로 개방은 개방대로 많은 문제를 낳고 있지만, 분명한건 지금 중국인들은 더 이상 성에 대해 보수적이지 않다는 것이다.

개방의 시대

고대 인류사회가 모계를 근간으로 시작했다는 것은 이미 널리 알려진 사실이다. 문자 기록이 없는 시대까지 증명하기는 어렵겠지만, 고대 중국에서 여성을 가장家長으로 하는 모계사회의 흔적은 신석기시대 중기까지 거슬러 올라간다. 어머니에 따라 혈통이 계승되는 모계사회는 식량

생산과 생명 탄생의 역할을 담당하는 여성이 존경과 보호의 대상이었다. 모계의 유풍遺風이 남아 있던 하夏왕조(BC 2000~1500)나 은殷왕조(BC 1700~1027) 때도 여성만이 성姓을 가질 수 있었고 남성은 출생지나 관직에 따라 이름만을 가질 수 있었다. 배우자 선택에 있어서도 여성에게 우선권이 있어서 여성이 남성보다 우위를 점하고 있었다. 여女와 생生으로 이루어진 성姓이라는 글자에서도 알 수 있듯이 태어남生은 곧 여자女에 의해 결정됐다. 그래서 생식 능력이 있던 여자는 신성시됐다. 생산력을 중시했던 사회 속에서 남자는 단지 아이를 만드는 도구에 불과했고 출산이 가능했던 여자는 사회적으로 남자보다 우위에 있었다.

남녀의 생식능력은 신비한 현상으로 간주되어 생식기에 대한 숭배현상도 생겨났다. 생식숭배는 생식 능력이 엿보이는 자연물이나 그런 형태를 가진 물건으로 표현되었다. 남

● 남성의 생식기를 닮았다 하여 양원석
(陽元石)이라 불리는 바위.

● 여성의 생식기를 닮았다 하여 음원석
(陰元石)이라고 불리는 바위.

근 모양의 거대한 바위는 남성으로 상
징되어 숭배됐으며, 씨앗을 품어 싹을
틔우는 대지나 들판은 여성으로 비유되
어 경외의 대상이 되었다. 지금도 중국
인들이 '땅'이나 '중국'을 지칭할 때 '그
녀他'라고 하는 이유가 바로 여기서 유
래됐다. 생식숭배는 여성의 생식숭배
가 먼저 등장한 후에 남성의 생식숭배
가 뒤이어 등장했는데, 기원전 4,000년
전의 유적에서는 석조石祖나 도조陶祖와
같은 남성 생식기 조각이 다량으로 출
토되고 있다. 모계사회의 출현이 그러
하듯이 생식숭배 현상도 일종의 문화적
현상으로 인류가 발전하는 단계에서 대
부분 이 과정을 거쳤다. 지금도 태국의
아카족은 조상신의 조각상 얼굴을 맞대
고 성교를 하는 상황을 만들어 풍년과
종족의 번성을 기원한다. 고대 중국의
생식숭배 현상도 이처럼 매우 자연스러
운 현상이었다. 고대 중국인들이 남녀
의 생식기 모형을 만든 이유도 복을 기
원하기 위함이었다. 남자와 여자가 합
을 이루면 아이가 생기듯이 제사에 남

● 고대 유적에서도
발굴되고 있는 남
녀의 생식기 모형
과 교합 토기.

녀의 생식기 모형을 만들어 놓고 그 기운이 풍년으로 깃들 기를 기원했다. 이러한 성숭배 풍속은 원시시대부터 봉건시 대 말기에 이르기까지 오래도록 이어졌다.

출산이나 수확처럼 무언가를 생산하는 과정은 고대인들에게 경외와 숭배의 대상이었다. 이런 점에서 고대인들은 수확과 출산을 동일시하면서 신에게 자손과 곡물의 번성을 기원하는 야합野合을 했다. 야합이라는 혼외정사를 통해 종족의 번영과 풍년이 이루어지기를 함께 바랐던 것이다. 야합은 중국 초楚나라(?~BC 223)와 제齊나라(770~BC 403)시대에도 이어졌다. 사실 야합은 남녀 간의 자유로운 애정 표현을 위해 마련된 것으로 다산을 목적으로 했다. 제사를 지낸 후에는 남녀가 모여앉아 밤새 술을 마시며 욕망을 자유롭게 발산시킬 수 있는 기회를 얻었다. 고대 중국에서는 성행위에 대한 통제가 엄격하지 않았고 오히려 국가가 제사를 주최하며 야합을 장려까지 했다. 아무런 이유 없이 따르지 않는 사람에게는 오히려 벌이 내려졌다. 노동력이 중요한 시대였기 때문에 생긴 불가피한 현상이었다. 공자도 야합에 의해 태어났다. 공자의 부친 숙량흘叔梁紇은 친구의 딸 안징 재顏徵在와 야합을 해서 공자를 낳았다. 숙량흘의 나이 70세에 안징재는 16세였을 때다. 그러나 이러한 사실이 결코 중국인들이 도덕적으로 문란했음을 의미하는 것은 아니다. 야합은 당시 중국사회의 보편적인 현상이었고 도덕적으로 비판받을 이유가 없었다.

● 동한(東漢)시대 야
합의 모습을 그린
석판의 탁본

　춘추전국시대에도 근친상간이나 아내의 교환, 불륜 등
의 현상을 발견할 수 있고 여성의 순결은 중요한 관념이 아
니었다. 중국의 특정 인물에 대한 기록을 봐도 야합의 흔적
을 짐작할 수 있다. 시조 탄생을 다룬 신화에서는 "용과 감
응하여 시조를 낳았다."든가 "유성과의 감응을 통해 아이를
낳았다."든가 하는 설화가 전해져 온다. 이는 모계사회에
서 생부가 불분명하기 때문에 만들어진 이야기다. 시조모의
불가사의한 임신 경로와 아버지의 부재는 야합이나 군혼잡
교의 가능성이 크지만, 후대에서 숭고한 의미를 부여한 것
이다.

　야합은 후에 야합혼野合婚으로 발전하여 남자가 결혼을
했더라도 야합의 과정을 통해 첩을 얻는 것이 인정되었다.
이러한 풍속은 한漢나라(BC 202~AD 220)까지 이어졌다. 한
나라 유적에 남겨진 문물 중에는 성과 관련된 것이 많아 당
시의 성 개방 풍조를 생생하게 보여준다. 모계사회의 풍속
은 여전히 중국의 일부 소수민족 지역에 남아 있다.

속박의 시대 ─────────

은나라가 멸망하면서 모계사회의 전통은 점차 사라지고 부권이 강화된 사회가 등장했다. 가축의 소유나 곡물의 축적에 의한 부의 성립이 남성우월의 새로운 가족제도를 발달시켰던 것이다. 부권사회의 등장은 남성의 지위를 높이는 대신 여성의 지위 하강을 가져왔다. 부계사회의 진입은 종법제도를 형성하는 데 근본적인 역할을 하였다. 종법은 혈통에 의해 친속관계가 결정된다는 것을 의미한다. 아버지의 혈통이 자식에게 전해지고 어머니의 혈통은 배제되었다. 이러한 혈통관계는 혼인제도에도 영향을 미쳤다. 아버지의 혈통이 이어져야 했기 때문에 여성의 정조가 사회적 고정관념으로 자리 잡게 된 것이다. 종법제도는 남성에게는 비교적 자유로웠지만, 사회윤리와 도덕의식, 풍속습관에 있어서는 여성에게 매우 엄격하게 적용됐다.

중국의 왕조들이 질서를 공고히 하고 통치를 강화하기 위해 각 방면의 법 규정을 시행함으로써 여성의 정절 개념도 법령 형식으로 나타났다. 이렇게 봉건제도가 이미 흥기하였지만, 원시시대의 여러 풍습이 일시에 사라진 것은 아니었다. 귀족사회에서는 여전히 음란한 풍조가 만연하고 있었고 서민사회에도 고대 풍습의 잔재가 남아 있었다. 그러나 달라진 점은 고대 남녀가 동등하게 누리던 성 자유를 남성에게는 인정하면서도 여성에게만 금지했다는 것이다. 당시 남성에게는 첩을 허용함으로써 일부일처제로 제한될 수

있었던 성적욕구를 보장한 반면 여성에게는 오히려 정조관
념을 부여하며 욕구를 억제시켰다.

귀족사회에서는 부친의 첩을 겁탈하거나 시아버지가 며
느리와 정을 통하기도 하고 근친상간, 아내 교환과 같은 문
란함이 극에 달했다. 귀족사회의 문란은 정치적인 의도에서
발생한 것도 있었지만, 원시사회의 습속이 남아 있었기 때
문이기도 하다. 서민사회의 사유분방한 연애관도 옛 풍습
그대로 이어져 내려왔다. 일부일처제가 혼인제도로 정착되
었지만 서민들의 애정 행각은 여전히 대담하면서도 자유분
방했다. 상서로운 날에는 남녀가 함께 모여 춤추며 연회를
즐겼고 혼전남녀들의 관계는 비교적 자유로웠다. 비록 예법
을 중시하는 사회로 접어들었지만 자유분방한 남녀의 만남
은 여전히 명맥을 유지하고 있었다.

그러나 성적 욕망으로 인한 사회구성원 간의 충돌과 근
친상간으로 인한 문제는 줄곧 복잡한 상황을 만들었다. 제

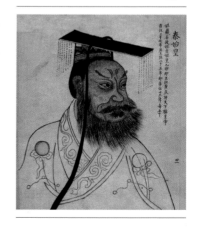

● 진시황제

후와 귀족들 간에는 인륜을 망각하는 약탈
혼과 음란행위가 빈발했고 종법사회에 보급
되고 있던 혼인관은 제대로 지켜지지 않았
다. 이러한 상황을 전환시킨 것이 진시황이
다. 진시황의 어머니는 아들이 황제가 되어
서도 남색을 밝혔다. 여불위呂不韋와의 정을
통해 두 명의 자식도 낳았고 궁내에는 추문
이 난무했다. 진시황은 어머니가 낳은 두

아이(동생)와 여불위를 죽인 후 진나라의 음란한 풍속을 바로 잡기 시작했다. 진시황은 성규범을 엄격하게 하고 정절을 중시하는 문화를 장려했다. 정절은 남녀가 모두 지켜야 하는 것으로 남자에게만 우월적 지위를 인정하지는 않았다. 가족을 두고 외간 여자와 바람피우는 남자는 '죽여도 무죄'라는 법이 있을 정도로 정조의 준수는 남녀 모두에게 해당됐다.

한대漢代에 와서는 통치이념으로 부부유별夫婦有別, 남존여비男尊女卑, 불사이부不事二夫 등 여성을 속박하고 정절을 장려하는 문화가 널리 퍼져 나갔다. 한나라 때의 여성상은 부녀자가 지켜야 할 행동 양식의 표준을 세운 것으로 남존여비의 수긍, 가사의 근면, 후손의 양육, 유순한 성품 등에 있어 여성들의 인식을 크게 변화시켰다.

송대宋代에 이르러 성관계는 보수적으로 변하며 금욕주의가 사회 전반에 퍼지게 되었다. 여성에게는 은거 생활을 강요했고 과부의 재혼도 죄악으로 간주했다. 몸이 아파도 의원에게 가슴을 보이지 못하니 치료를 받지 못해 죽는 경우도 있었다.

명대明代에 이르면 과부들의 정절이 명예의 상징이 되었다. 남편을 잃고 평생을 과부로 살다 죽으면 정절비貞節碑를 세워주어 가문의 영광이 되게 하였다. 절제와 지조가 미덕이 되면서 성에 대해 공개적으로 논하는 것은 매우 불경스러운 행위가 되었다.

원, 명, 청시대로 갈수록 억압은 더욱 심해졌다. 명과 청시기에는 성에 대해 언급한 서적들은 모조리 금서 조치를 당했고 이전시대의 성 관련 서적들도 철저히 없애버렸다. 그래서 성행위나 풍습은 음지로 숨어버렸다. 하지만 중세 유럽처럼 극단적인 금욕주의까지 간 것은 아니있다. 억압이 심했던 시대였지만, 성의 쾌락까지 부정했던 것은 아니었기 때문이다. 다만 정치적, 사회적으로 일종의 절제가 필요했기에 고대사회처럼 노골적이지 못했던 것뿐이었다.

● 고대 춘화에는 시녀들의 도움이나 도구를 활용한 체위를 묘사한 그림들이 많다.

그러나 성의식, 성행위, 성관계 등은 감추어질수록 날로 신비화되고 폐쇄적으로 변하게 되었다. 중국의 4대 금서 중 하나인 『금병매金瓶梅』는 성행위에 대해 생생히 묘사하고 있고 옥보단으로 알려진 『육포단肉蒲團』은 남녀교합의 표현들을 세세하고 생동감 있게 묘사하면서 성에 대한 판타지를 심어주었다. 이처럼 성적 억압은 춘화나 기교로 승화되어 은밀한 쾌락주의로 발전하게 되었다.

● 코담배병(鼻煙壺)으로 불리던 청대 유물에 그려진 춘화.

● 청대 여성들이 사용하던 자위기구.

풋 페티시즘의 시대 ────

중국 역사에 있어 가장 독특한 성문화 현상은 바로 천 년 동안 지속되어온 전족纏足이라는 관습이다. 유래는 명확하지 않지만, 송대의 회화나 조각에 전족의 모습이 남겨져 있어 그쯤으로 짐작하고 있다. 전족은 궁중 무희舞姬들 사이에서 유행하던 작은 발에서 유래된 것으로 알려져 있다. 무희들의 작은 발을 좋아하던 왕족과 귀족들이 늘면서 후대에는 고의로 발을 작게 만드는 문화로 발전하였다. 송대부터 성 의식이 보수적으로 변한 것과 그 시기부터 전족이 유행하기 시작한 것이 전혀 무관하지는 않다. 여성의 작은 발에 성적인 매력을 느끼는 행위는 페티시즘의 한 유형이다. 전족은 남성 중심의 심미관과 성적 욕구와 연관이 있다. 전족한 발은 신체의 어느 부위보다도 은밀하면서도 성적 매력의 결집체로 이해되었다. 전족한 발은 은밀한 부위로 여겨져 외간 남자에게 맨발을 보인다는 것은 상상할 수도 없는 일이었다. 그래서 외간 남자에게 발을 만지게 하는 것은 몸을

● 영화 「붉은 수수밭」에서 추알과 유리찬아오의 만남도 전족한 발을 만지는 것으로 시작했다.

허락하는 것으로 간주되었다. 『금병매』에서 서문경西門慶과 반금련潘金蓮의 만남도 전족한 발을 만지면서 시작됐다. 「붉은 수수밭」이라는 영화를 봐도 발의 의미를 알 수 있다. 가마 타고 시집을 가던 추알(공리 분)이 강도에게 발을 잡혔을 때 미소를 지으며 유혹하는 장면이라든지, 강도를 제압한 유리찬아오(장원 분)에게 추알이 발을 내밀자 가마 안으로 발을 넣어주는 것을 보고 다른 가마꾼들이 묘한 웃음을 지었던 것도 전족의 풍습을 알면 이해할 수 있는 장면이었다.

발이 신체의 가장 은밀한 부분으로 인식되면서 여자들은 발을 감추게 되었고 남자들은 쉽게 '보지도, 만지지도' 못하는 발에 대해 성적 판타지를 가지게 되었다. 전족한 작은 발이면 더 의미가 있었다. 당대 문인들은 여성의 발이 작을수록 아름답다는 변태적인 심미관까지 추구했다. 전족용 신발에 술을 따라 마시기도 하고 발 냄새에 성적 자극까지 느꼈다. 발이 가장 성적인 부분이라고 생각하다보니 발과 관련된 행위를 할 때 최대의 성적 만족을 느꼈던 것이다. 이러한 도착적인 문화까지는 아니어도 전족한 발은 걸음걸이를 조신하게 만들었기 때문에 여성들에게는 아름다움을, 남성들에게는 성적 판타지를 제공했다.

한편으로 전족은 심미문화뿐만 아니라 유교문화까지 반영하고 있다. 전족은 여성을 집안에 가두어 두는 데 유리했다. 작은 발로는 뛰거나 걷는 것이 어려웠기 때문에 활동 영역이 좁아지고 연약한 모습을 보여주었다. 여성의 정조를

• 청말기 여성들의
발과 그들이 신었
던 신발.

걱정하지 않아도 되니 가부장적인 사회에서 확산될 수밖에 없었다. 이는 송대부터 시작된 유교적 도덕성과 같은 보수적인 관점과도 일치한다. 그래서 남자들은 자신의 성적 판타지와 정조를 만족시켜줄 수 있는 전족한 여자들을 찾게 되었다. 당시 중매쟁이들도 "얼굴이 예쁜가요?"보다는 "발이 얼마나 작은가요?"를 먼저 물어봤다고 하니 전족은 아름다운 여인이 가져야 할 필수 항목이었다.

이렇게 전족이라는 기형적인 페티시즘이 거의 천 년간 중국사회를 지배했던 것은 전족을 해야 신분상승이 가능했기 때문이다. 당시의 사회 분위기가 작은 발을 선호하다보니 전족을 해야 혼례를 치를 수 있는 조건을 갖출 수 있었다. 전족한 발이 신부 선택의 기준으로 인식되면서 작은 발을 가질수록 귀족들의 눈에 들기 쉬웠다. 전족은 만주족이 청나라를 세운 후 끊임없이 금지했으나 효과를 보지 못할 정도로 애착이 강했던 문화다. 그러나 아편전쟁 패배 이후 서구문물이 중국에 유입되면서 점차 사라지기 시작했다. 실질적으로는 1930년대에야 크게 줄어들었고 중화인민공화국이 탄생한 1949년에는 완전히 사라지게 되었다.

통제의 시대

전족과 같이 여성을 핍박하는 문화를 청산한 중국공산 당은 신중국을 건국한 이후 새로운 사회주의 모범국가를 구 상하게 되었다. 첫 번째 목표는 '매춘과 성병 근절', 두 번 째는 '새로운 혼인관 건설', 세 번째는 '미신과 반동추방'이 었다. 건국 이전부터 매매춘과 이를 관장했던 범죄 조직이 중국사회에 만연해 있다는 사실에 주목한 중국공산당은 이 를 가장 우선적으로 청산하기로 한다. 마오쩌둥은 사회주의 이념에 맞지 않는 마약거래, 매춘, 도박, 인신매매, 밀수 등 을 10대 사회악으로 규정하고 엄벌했다. 기원妓院을 운영했 던 포주들은 사형에 처해지고 매춘 여성들은 재교육시켜 사 회 일원으로 합류시켰다.

● 1946년 자신들의 매춘소 문 앞에
　서 있는 여성들.

● 기원에서 탈출한 뒤 재교육을 받고
　있는 여성들.

1949년 11월에 시작된 매춘과의 전쟁으로 베이징에서만 224개의 기원이 폐쇄되었고 424명의 포주들이 잡혔으며 1,286명의 기녀들이 풀려났다. 이와 함께 중국 정부는 1950년부터 성병 근절 캠페인을 벌여 1960년에는 성병이 완전히 사라졌다고 공표할 정도로 매춘이 근절되었다. 계획경제가 실시된 이후 모든 여성들이 직업을 갖게 된 것도 매춘이 사라지게 하는 데 큰 역할을 하였다. 또한 지역 주민을 감시원으로 하여 각 가정의 출입자 동향을 파악하는 통제사회가 실시됐기 때문에 사실상 매춘도 불가능했다. 이 시기 중국을 방문한 한 서방 기자가 저우언라이周恩來 총리에게 중국에 기녀가 있는지 물어봤을 때 "있습니다. 중국의 타이완이요."라고 대답할 정도로 매춘은 사라졌다.

통제된 사회 속에서 매춘이나 불륜은 불가능한 일이었고 밤늦게 남녀가 함께 있는 것에 대한 사회적 시선도 곱지 않았다. 그러나 배우자를 고르는 일 등의 사생활마저도 정부의 간섭과 통제가 시작되면서 개인의 자유와 욕망은 억눌렸다. 구습타파를 기치로 내세운 중국사회는 금욕주의에 비유될 만큼 성에 대해 자유롭지 못했다.

모든 출판물이나 매체는 성性에 대해서 철저히 통제를 받았고 이를 빗대는 농담조차 함부로 말할 수 없었다. 문화대혁명 시기에 이르러서는 중국사회를 '무성화無性化시대'라고 말할 정도였다. 영화나 연극에서는 결혼, 성, 사랑 등의

내용이 전혀 언급되지 못했다. 심지어 1972년에 출판된 『신
화자전新華字典』에는 매춘부娼 , 기생妓, 섹스嫖라는 단어조차
사라져 버렸다. 성과 관련된 다른 단어들도 함께 증발된 것
은 더 말할 필요도 없었다.

● 1972년 상하이 한 공장의 직원들 모습.

이 시기 중국인들은 성性을 입 밖에 꺼내는 것조차 부끄
럽게 생각했고 혹여 사상을 의심받을까 조심스러웠다. 부
부가 아니라면 함께 숙박도 못했기 때문에 불륜을 저지르
는 것도 불가능했다. 남녀 간의 연애가 없었던 것은 아니지
만 혁명의 기치 아래 큰 주제거리로 삼지는 못했다. 1974년
에 중국을 방문한 한 영국 학자는 길거리에서 '사랑을 논하
는 건 시간낭비이자 사상을 병들게 한다談情說愛是一種浪費時間
和思想疾玻'는 표어를 보고 깜짝 놀랐다고 한다. 그는 "중국인
의 성생활은 단지 아이를 낳는 용도일 뿐 쾌락과는 상관이
없는 것 같다."는 인상을 받았다고 한다.

또 당시의 사회 분위기를 말해주는 이러한 일화도 전해

져 온다. 어느 신랑이 성관계를 거부하자 장인이 그 이유를 물었다. 신랑은 "그것은 자산계급의 생활방식입니다."라고 말했다. '자산계급'이라는 말을 들은 장인은 감히 강요하지 못했다. 하지만 며칠을 설득하면서 이렇게 말했다. "그렇지만 우리의 혁명을 이어나갈 후계자는 필요하지 않은가!" '혁명'이라는 말을 들은 신랑은 더 이상 거부하지 못하고 아이를 낳는 데 노력했다고 한다. 이러한 일화에서 알 수 있듯이 이 시기의 성관계는 단지 아이를 낳는 과정에 불과할 정도로 폐쇄적이었다.

개혁개방이 무르익어가던 1980년대까지만 하더라도 술도 팔지 않는 무도장舞廳이 유일한 유흥업소였다. 그런 곳에서도 남녀가 서로 간격을 유지하고 춤을 춰야 할 만큼 중국은 보수적인 사회였다.

그러나 1990년 북경 아시안게임 이후 변화하기 시작했다. 국제적인 대회를 치른 이후 가속화된 개방화의 물결은 중국인들의 성의식마저도 개방시켰다. 남녀 간의 공개 데이

● 80년대 후반 베이징 거리의 모습. 연인끼리 자연스럽게 팔짱을 끼고 다니고 있다.

트가 유행하기 시작했고 길거리에는
팔짱을 끼거나 손을 잡고 다니는 연
인들이 늘어났다.

90년대 후반에 접어들면 동거, 원
나잇 스탠드, 동성애, 애인, 스와핑
등의 성관련 문제가 연이어 등장했
다. 개혁개방을 선도한 덩샤오핑도

● 요즘에는 중국 길
거리 어디를 가도
연인끼리 애정 표
현하는 모습을 쉽
게 볼 수 있다.

"창문을 열면 시원한 바람과 함께 벌레도 들어온다."고 했
는데 중국의 성 개방 풍조는 개혁개방과 함께 제동이 걸리
지 않을 만큼 빠른 속도로 들어오고 있다.

해방의 시대

개혁개방 이후에는 경제성장 만큼이나 남녀 간의 성적
인 자유분방함도 나날이 발전하고 있다. 이제는 성경험 조
사를 할 때 경험이 있는지 여부를 조사하는 게 아니라 경험
이 없는 경우를 조사해야 한다는 말이 나올 정도다. 아직
사회주의 국가이기 때문에 보수적일 거라 생각할 수도 있지
만 실제로 중국에서 살아보면 그들의 자유로운 애정 행각에
놀랄 때가 많다. 현대 중국인들은 어디서든 자유롭게 애정
표현을 하며, 그 누구의 애정 행각도 간섭하지 않는다. 날
이 저물면 대학 교정이나 공공장소에서 남녀가 부둥켜안고

연애(?)하는 모습은 이제 너무나도 흔하다. 급격한 서구화가 원인이라고는 하지만 부부가 아니면 숙박업소 출입이 안 되니 한편으로는 이해가 되기도 한다. 그래서 요즘 대학주변에는 하루 단위의 일조방日租房이나 시간 단위로 빌려주는 대실방鍾點房도 생겨났다. 연애를 하다가 발각되면 대학교정에 이름이 공고됐던 시대와는 너무나도 다른 모습이다.

개방적인 성의식 때문인지 대학생의 상당수가 혼전 성경험에 대해서도 관대한 것으로 나타난다. 2011년 중국 모 대학 1학년생들의 남: 61%, 여: 25%가 혼전 성경험에 동의했고, 남: 28%, 여: 20%가 혼전 동거에 찬성했다. 2012년 국가인구와 산아제한 위원회國家人口和計劃生育委員會의 조사를 보면 중국인들의 71%가 결혼 전에 이미 성경험이 있는 것으로 나타난다. 이는 1989년의 15%와 비교했을 때 매우 급격히 증가했다고 볼 수 있을 만한 수준이다. 한 설문조사에서는 40.5%의 남성들이 섹스 파트너가 있다고 응답했고, 그중 86%가 기혼자였다. 그러니까 10명 중 3.5명의 남성이 외도 경험이 있었던 것이다. 여성들도 23.9%가 외도 경험이 있다고 응답해 남성에 미치지는 못했지만, 성개방의 풍조가 남녀모두에게 미치고 있음은 분명해 보인다.

한편 성性 인식에 대해서도 50% 이상이 자신이 "성에 대해 개방적인 편이다."라고 응답했고 심지어 "성에 대해 매우 개방적이다."라는 응답자도 있어 대다수가 성에 대해 개방적인 인식을 가지고 있는 것으로 나타난다.

현대 중국인들은 더 이상 주변의 시선을 의식하거나 관

심을 갖지 않으며, 오히려 개방적인 성향을 보일수록 신세
대로 인식될 거라 생각하고 있다. 온라인을 이용한 채팅 만
남도 증가하면서 이제는 단순한 대화 수준을 넘어 이성을
찾는 도구로 이용하고 있다. 인터넷을 통해 즉석만남을 가
지거나 단순히 성관계를 위해 대상을 물색하는 모습은 이

● 중국 각지에서 개
최되고 있는 성박
람회.

제 흔히 볼 수 있는 풍경이다. 청소
년들도 부모의 눈을 피할 수 있다는
이유로 채팅을 이용한 연애를 선호
하고 있어 연령의 제한도 사라졌다.

　　그러나 지나친 성개방화가 부작
용을 불러일으키기도 한다. 중국에
서는 매년 1,300만 건의 중절수술이
이루어지며, 그중 25세 이하의 여성
이 절반을 차지한다. 다른 조사에
서는 평균 5쌍의 대학커플 중 1쌍
이 임신을 하고 그중 86%가 중절수
술을 받는다고 한다. 매년 2월, 7월,
8월 방학기간에 중절수술이 급증하

는 것도 대학생들의 중절수술과 무
관하지는 않을 것이다. 젊은 층의
성개방화가 사회발전 과정에서 나
타나는 자연스러운 과정이기는 하
지만, 책임 있는 성의식 교육도 필

요해 보인다.

지역마다 열리는 성性박람회나 각지에 산재해 있는 성인용품점을 보면 현대 중국인들의 성性인식이 얼마만큼이나 개방됐는지 알 수 있을 정도로 매우 노골적이다. 1993년 베이징에 성인용품점이 처음 등장한 이래 현재에는 베이징에만 5,000여개의 성인용품점이 들어서 있고 전국에는 20만 개의 성인용품 매장이 있다고 한다. 광둥성에는 아예 성인용품 전문상가가 있을 정도로 거리낌이 없다. 중국의 성관련 제품 시장은 세계 시장의 70%를 차지할 정도로 규모가 크다. 시장 규모도 2011년 1,200억 위안으로 늘어난 이래 매년 20%씩 성장하고 있다. 과거 감춰야만 했던 성적인 표현

● 체인점으로 운영되는 성인용품 매장.

과 행위는 이제 마음껏 발산해도 거리낌이 없는 문화로 자
리 잡았다. 홍콩 성교육추진회 회장도 자신들의 성문화가
대륙인들보다 개방적이지 못하다고 할 정도로 중국의 개방
화는 우리의 상상을 초월한다.

혼돈의 시대 ─────────────────

이혼

　성과 관련되어 야기되는 문제를 한두 가지로 나열하기
는 어려울 것이다. 특히 지금 중국의 상황에서는 말이다.
그중에서도 성 개방 풍조로 야기되는 이혼율의 급증은 주목
할 만하다. 개혁개방이 시작되기 이전인 1978년 중국의 이
혼율은 0.25%에 불과했지만, 2012년에는 2.29%로 9배나 증
가했다. 1980년 중국 전역에서 이혼한 부부는 34만 쌍에 불
과했지만 2013년에는 350만 쌍으로 늘어나 매년 10% 이상
씩 증가하고 있다.

　이혼이 증가한 이유에 대해 중국의 학자들은 문화대혁
명 시절 사회 전체의 도덕성이 하락한 상태에서 서구식 '성
개방'과 '성 자유' 사상이 유입됐기 때문으로 분석하고 있
다. 이혼 사유도 80% 이상이 '정서적 관계'가 무너졌기 때

문이라고 말하고 있지만, 실제로는 60% 이상이 '신체적' 또는 '감정적'인 외도 때문이었다. 성격 차이 문제와 함께 과거에는 볼 수 없었던 배우자의 외도가 새로운 이혼의 원인으로 대두된 것이다.

특히 개혁개방 이후에 태어난 80년대 생(80後)들의 이혼율이 제일 문제시되고 있다. 젊은 세대들의 이혼율은 이미 이전 세대의 4%(1979년)를 뛰어넘는 30%에 다다랐다. 이혼의 이유로는 혼외정사(40%)가 가장 많았고 그 외에도 성격 차이(38%), 가정 소홀(16%) 등이 있는 것으로 나타났다. 개혁개방 이전의 통계자료를 찾기는 어렵지만, 혼외정사가 이혼의 가장 큰 문제로 대두된 것은 분명 근래에 나타난 현상이다.

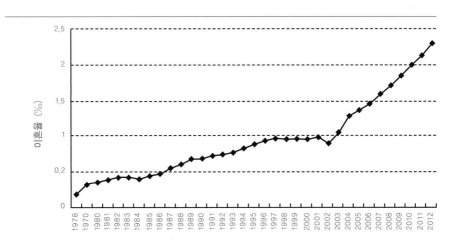

역대 중국의 이혼율

성관계

　성욕을 다양하게 표출할 수 있는 시대로 접어들면서 기형적인 성문화가 등장한 것도 요즘의 실태다. 그중 부부간에 상대를 교환하는 스와핑은 공공연하게 행해지고 있고 공직자들이 적발되는 경우도 있어서 중국사회에 충격을 주고 있다. 심지어 여경이 남편과 직접 스와핑 사이트까지 운영하다가 파문이 일어 사직을 한 경우도 있었다. 친목을 도모한다며 수련회를 열어 스와핑을 하는 경우가 많아 단속하기도 어렵다. 그런데 엘리트층이 스와핑을 옹호하거나 주도하고 있어 논란이 많다. 스와핑과 관련된 사회문제가 부각되자 성性의학자인 리인허李銀河 박사는 "스와핑은 사회에 아무런 해악이 되지 않는다."고 옹호해 네티즌들과 거센 논쟁을 벌였다. 또 난징 모 대학 교수인 마샤오하이馬曉海는 스와핑 사이트를 운영하다가 3년 6개월의 형을 받자 "성인들이 스스로 원하는 상태에서 남에게 피해를 끼치지 않고 한 행동이 무슨 잘못이냐."며 오히려 중국의 법률이 낙후되었다고 반박했다. 놀라운 것은 마 교수의 주장에 많은 사람들이 수긍했다는 것이다. 한 온라인 설문조사에서는 2,000명의 응답자 중 70%가 마교수를 무죄라고 보았다. 다른 조사에서는 스와핑이 사회적으로나

● 대학 교수였던 마샤오하이는 자신의 무죄를 주장하며 오히려 중국법의 후진성을 비판했다.

도덕적으로 악영향을 준다는 점에서는 동의했지만 '스와핑은 있을 수 있는 일'로 여기는 경우가 46.6%, '절대 있을 수 없는 일'은 36.6%에 불과했다. 이 같은 결과는 지난 세월동안 중국인들의 성 관념이 얼마나 변했는지를 여실히 보여준다.

얼나이

봉건시대에나 만연했던 축첩 현상도 다시 부활을 해 사회적으로 논란을 빚고 있다. 애인이라는 뜻의 샤오산小三兒이 90년대에 등장한 이래 2000년대에는 내연의 여자를 의미하는 제3자第三者란 용어가 등장하였고 지금은 현지처나 첩을 일컫는 얼나이二奶가 유행하고 있다. 용어의 다양함은 그만큼 중국의 혼외정사 문제가 심각하다는 증거다. 시진핑 주석도 중국의 악습인 얼나이 문화를 뿌리 뽑겠다고 외치고 있지만 고위 간부들의 섹스 스캔들은 잊을 만하면 터져 나오는 단골 메뉴가 되었다.

비공식 통계로는 중국 고위 간부들의 95%가 얼나이를 두고 있다고 한다. 실제로 광둥성에서 발생한 공무원 부패사건에서는 관련자 100% 전원이 얼나이가 있었던 것으로 확인됐으니 전혀 불가능한 수치는 아닐 것이다. 일개 지방 일반 공무

● 길거리에 붙어 있는 얼나이 모집광고. 찾는 여성의 조건과 숙식 제공, 월 3~6만 위안을 주겠다는 내용이 적혀 있다.

원의 상황이 이 정도니 고위 공무원들은 언급할 필
요도 없을 것이다. 2000년부터 2014년까지 체포된
청장, 국장급廳局級 공무원 367명 중 47%에 달하는
172명이 얼나이를 두고 있었다. 장쑤성의 한 청장은
부패 문제로 체포됐을 때 13명의 얼나이가 있었던
것으로 밝혀졌고 쓰촨성 러산시 시장은 22명의 얼
나이가 있었다.

● 중앙당안국 부사
장(副司長)이었던
판웨(范悦)는 아나
운서 지잉난(紀英
男)과의 불륜 스캔
들로 파면되었다.

  중국 정부는 공무원 부패관련 문제가 나올 때
마다 얼나이가 언급되는 것을 매우 심각하게 받아
들인다. 시진핑 주석이 언급할 만큼 얼나이 문제
가 심각한 것은 공무원 부패와 얼나이 문제가 밀접
한 관계가 있기 때문이다. 한 명의 얼나이를 부양하려면 연
평균 최소 3만 위안이 필요하다고 한다. 기본적인 생활비
월 2,000위안 외에도 집과 차, 선물 등에 더 많은 비용이 들
어가야 하니 실제로는 연간 5~10만 위안이 필요할 것으로
추산된다. 그래서 아무리 고위직이라 할지라도 공무원 봉
급으로 얼나이를 두는 것은 불가능하다. 중국 정부가 얼나
이 문제를 심각하게 받아들이는 이유도 바로 부정부패와
의 연결고리 때문이다. 시진핑 주석이 반부패 운동을 시작
하면서 공무원들의 자살이나 해외 탈출이 가속화되고 있는
데 2014년 이미 5만 명의 공무원이 부패 혐의로 체포됐고,
714명이 해외로 도주했다. 이들이 해외로 빼돌린 자금만

● 선전에 얼나이와 남창이 넘쳐나자 한 단체가 이를 비판하는 길거리 퍼포먼스를 하고 있다.

1억 5천만 달러(약 1,500억 원)에 달한다.

얼나이는 본래 개혁개방 초기 홍콩이나 일본 등 중국에 거주하는 외국인들의 현지처를 일컫는 말이었다. 그러나 2000년대에 접어들면서 얼나이 문화는 고위공무원뿐만 아니라 일반인들에게까지 확대되었다. 경제 1번지 선전에 가장 많은 얼나이들이 모여 살고 있고 이들만의 집단 거주지까지 있다. 외부 노출이 잘 안되기 때문에 얼나이가 중국에 얼마나 있는지는 가늠하기 어렵다. 공식통계는 아니지만, 연안대도시 전체 인구의 5%가 얼나이며, 도시 전체 소비액의 20%를 차지한다고 한다. 그러면 얼나이에 대한 일반인의 생각은 어떨까? 중국 지린성의 여성연합회가 여대생을 대상으로 조사한 결과 응답자의 24%가 "돈 많은 남성을 스폰서로 두고 사는 것도 괜찮다."라고 답할 정도로 심각하게 받아들이지 않는다. 이렇게 지성인들의 생각이 바뀌어가듯 얼나이의 유형도 변화하고 있다.

과거에는 가난한 농촌 출신의 여성이나 유흥업소 여성들이 주로 얼나이가 됐지만, 이제는 대학생이나 스튜어디스, 배우, 모델 등으로 확대되면서 얼나이의 영역은 사라졌다. 대학 학칙에 '얼나이일 경우 제적한다'라는 규정이 새로 생긴 걸 보면 그저 떠도는 소문만은 아닐 것이다.

성매매와 성병 ──────────────

사회가 개방화되면서 사라졌던 성매매업도 다시 부활
했다. 개혁개방 이후 경제가 발전하면서 술집, 나이트클럽,
가라오케, 미용실, 사우나와 같은 업종이 증가한 것이 성매
매를 증가시킨 한 원인이다. 성매매업은 동부 연해 지역에
서 시작해 현재는 소도시, 주택가 등지로까지 퍼져나가 있
어 중국 전 지역의 문제가 되고 있다. 중국에 얼마나 많은
사람들이 성매매를 하는지 정확한 통계는 없다. 워낙 광범
위한 지역에 변종 영업까지 늘어나면서 실제로 사우나만 하
는지 아니면 비밀리에 성매매도 이루어지는지를 확인하기
가 어렵기 때문이다.

그러나 WHO가 2009년에 발표한 〈중국의 성병〉이라는
보고서를 보면 중국의 연간 성매매 규모는 4,980억 위안(약
82조 원)에 달하고 약 400~600만 명의 여성이 성매매에 종
사하는 것으로 추산하고 있다. 그러나 이 통계에서는 얼마
이나 원조교제 등 비전문직의 경우는 포함하고 있지 않아
실제 규모는 더 클 것으로 보인다.

실제로 최근에는 인터넷 채팅을 통한 원조교제나 출장
만남까지 생겨나고 있어 성매매의 범위는 확대되고 있다.
원조교제는 2000년대 중반 중국에 처음 등장한 이래 인터넷
을 통해 빠르게 확산되고 있다. 근래에는 여대생들도 원조
교제나 유흥업에 뛰어들고 있어 실제 성매매 인구가 최대

● 공안의 매춘 단속
에 적발된 윤락 여
성들이 연행되고
있다.

800만 명 이상이라고 추측하기도 한다. 중국에서 성매매 산업이 더욱 확대되고 있는 이유는 권력 기관과의 결탁에 의한 것이기도 하지만 성性에 대한 수요 증가와, 이를 묵인하는 사회적 분위기도 한몫을 한다. 성매매 산업은 이혼, 성병 감염 등 많은 부작용도 나타나고 있기 때문에 어떻게 질서를 잡을 것인지에 대한 고민도 필요하다.

자유로운 성 개방 풍조, 직업 여성의 증가, 환락 추구 등이 확대됨에 따라 사라졌던 성병도 다시 등장했다. 1985년 5,800명에 불과했던 성병 환자는 2012년 600만 명까지 증가했다. 2003년 중국 CDCCenters for Disease Control; 질병 대책 센터의 조사 결과를 보면 성병 환자의 94%가 비혼성非婚性 관계로 인한 감염으로 확인된다. 이는 성매매 여성을 통해 감염되는 경우가 대부분으로 안전 교육이 제대로 이루어지지 못해 발생하고 있다. 실제로 2007년 광저우시가 대형 사우나에서 근무하고 있는 여성 120명을 검사한 결과 100명이 각종 성병에 감염된 것으로 드러났고 2013년 광둥성에는 총 48,288명의 매독 환자가 있는 것으로 확인됐다. 즉, 인구(광둥성) 10만 명당 51명의 매독 환자가 있는 셈이다. 매독 환자는 전국적으로 매년 평균 5%씩 증가하고 있다.

에이즈 환자는 중국에서 1985년에 처음 발견되었다. 이후 1989년 172명으로 늘어난 이래 지속적인 증가 추세에 있다. 〈2011년 중국 에이즈 전염 현황 예측〉을 보면 중국의 에이즈 환자는 총 78만 명으로 당해에만 4만 8천 명이 증가했다. 에이즈 환자는 이성간의 성 접촉에 의한 감염이 46.5%로 가장 많았고 동성에 의한 감염은 17.4%, 주사기(마약 투여)에 의한 감염은 28.4%였다. 이 외에도 수혈에 의한 감염은 6.6%, 모유수유로 인한 것은 1.1%였다. 과거 80~90년대에는 매혈에 의한 집단 감염이 많았으나 현재는 거의 사라졌다.

2011년 중국 전역의 성매매 여성을 대상으로 검사한 결과 에이즈 감염률은 0.26%였다. 에이즈는 마약이나 성관계에 의한 감염이 대부분이지만, 윈난, 광시, 쓰촨, 광둥, 신장 등 서부 지역으로 갈수록 마약 투여 과정에서 감염된 경우가 더 많았다. 에이즈 감염 환자의 75%와 주사기(마약)감

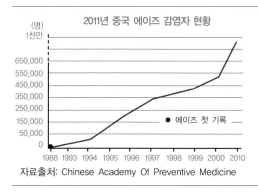

2011년 중국 에이즈 감염자 현황

(명)
1천만

650,000
550,000
450,000
350,000
250,000
150,000
50,000
0

● 에이즈 첫 기록

1988 1993 1994 1995 1996 1997 1998 1999 2000 2010

자료출처: Chinese Academy Of Preventive Medicine

중국에서 에이즈 감염률이 가장 높은 지역

신장자치구

윈난성 광시성 광둥성

염에 의한 환자의 87%가 이들 지역에 몰려 있다. 이는 에이즈 환자인 마약 중독자들이 주사기를 재사용하면서 전염되는 것으로 확인된다. 성관계에 의한 감염은 대부분이 안전에 대한 인식 부족에서 발생하는 것으로, 성매매 관계자들의 콘돔 사용률이 60%에 불과한 것이 원인이다. 길거리 성매매 여성들의 경우에는 더욱 심각하다. 쓰촨성에서 길거리 성매매 여성들을 대상으로 조사한 결과 이들은 주당 평균 14.1명의 남성들과 관계를 했지만, 콘돔 사용률은 36%에 불과했다. 그리고 이들 성매매 여성들의 37.2%가 마약 중독자였다. 에이즈에 감염된 마약 중독자들이 성매매에 나서기 때문에 이들을 통해 에이즈 감염이 확산되는 것이다.

니싱푸마? 你性福嗎?

성을 바라보는 기준은 시대에 따라, 또는 사회 변동에 따라 끊임없이 변화된다. 인류의 발전 과정에서는 번식과 쾌락을 추구했던 역사가 있었는가 하면 여성의 순결과 정조를 강조했던 시대도 있었다. 그러했던 시대를 뒤로하고 이제 중국인들의 성 인식은 더욱 노골적이고 다채롭게 변모하고 있다. 그러나 중국사회는 여전히 보수적인 기성세대와 성을 자유롭게 받아들이는 젊은 세대가 혼재되어 있어 여러 이해 충돌이 발생하고 있다. 혼외정사나 매춘, 성병 등 성

문제에 대한 이슈는 하루가 멀다 하고 등장하는 반면 깊이 있는 성에 대한 논의는 아직 활발하지 못하다. 성과 관련된 정보는 넘쳐나고 있지만, 여러 암묵적인 금기에 의해 논의에 제약이 있는 것이 현실이다.

그럼에도 불구하고 중국의 성 개방 풍조와 자유화는 그 어느 시대보다 활발하게 전개되고 있다. 중국사회가 변화하면서 성의 역할, 성의 문화 등 성에 대한 인식과 사고가 풍부해지고 있지만, 정작 중요한 것은 젊은 세대들에게 책임 있는 성 인식을 어떻게 심어주는가 하는 것이다. 자칫 상업적이고 쾌락적인 추구에만 초점이 맞추어진다면 성 자체를 저속하거나 혐오스러운 것으로 인식하게 만들 수 있다. 성 행동은 항상 윤리적인 문제와 결부되어 논의된다. 이 윤리성은 아마도 사회에서 통용될 수 있는 기준에서 비롯되는 행동일 것이다. 그래서 올바르고 건강한 성 인식의 확립이야말로 그 어느 때보다 중요하다.

효도하는 사회

UNVEILED FACE OF CHINA

효에 대한 정신은 중국에서 시작되어 오래도록 우리의 삶 속에 함께해왔다. 예로부터 중국에서는 『효경孝經』을 비롯해 효와 관련된 수많은 규범과 규율을 생활의 대상으로 장려해왔다. 공자는 "효는 모든 덕행의 기본이며, 또한 교화의 근원이다."라며 동서고금을 막론하고 전 인류가 지켜야 할 가장 기본적인 덕목으로 '효'를 꼽았다. 전통적인 중국사회는 효 사상의 기반 아래 자식이 부모에 대해 효를 행하는 것을 마땅히 여겼으며, 전통적인 미덕으로 여겨왔다. 이로 인해 효 사상은 중국의 정치나 교육·사회·법률·문화뿐만 아니라 중국인들의 가치관 성립에도 지대한 영향을 미쳤다. 즉, 중국사회와 문화는 효도라는 윤리적 기초 위에서 세워졌다고 볼 수 있다. 이러한 유교적 사상은 일찍이 한국을 비롯한 동양의 여러 나라에도 영향을 미쳤다. 그러나 20세기 들어 중국에서의 효 문화는 정신적이나 도덕적 측면에서 퇴보되었으며 그 기준도 약화되었다. 5·4운동 때는 사회 진보를 위해 청산해야 할 봉건주의 의식으로 치부되었으며, 문화대혁명 시기에는 계급을 가르는 봉건사상으로 지목되어 철저한 비판을 당했다. 효 문화는 전통적인 윤리 관념의 비판과 함께 정치적·사회적으로 고립당했고 철저하게 잊혀져 갔다. 오히려 유교사상을 받아들였던 한국에서 효의 가치가 더 빛났고 더 오래노록 유지됐다. 유교의 지침은 아직까지도 한국인의 일상생활 깊숙이 침투해 한국 고유의 문화로 자리 잡았다. 심지어 공자를 모시는 석전대제釋奠大祭는 한국에서 천 년 이상 봉행되고 있다. 우

● 한국에서 매년 열리고 있는 석전대제

리나라의 석전대제는 중국에도 남아 있지 않은 전통적인 의식으로 진행되기에 이를 배우기 위해 중국에서 찾아올 정도다.

그러나 최근 중국에서는 효를 강조하는 문화가 다시 꽃피우고 있다. 국가적으로는 매년 '10대 효자상'을 개최해 중국의 효자들을 표창하고 있으며, 사회적으로는 효행에 관한 사연들이 사람들의 심금을 울리고 있다. 중국 명문 베이징대학도 부모를 공경하지 않는 학생은 뽑지 않겠다는 지침까지 내렸다. 실제로 불효자를 가려낼 방법은 없겠지만, 명문대학에서 이런 결정을 내린 이유는 아무리 공부를 잘하고 우수한 학생일지라도 효의 근본을 갖추어야 한다는 것을 강조하기 위함일 것이다. 또, 얼마 전에는 암으로 세상을 떠난 아버지의 실물 크기 사진을 들고 세계 여행에 나선 한국 여성의 이야기가 중국사회에 회자되면서 많은 사람들에게 감동을 주었다. 중국인들은 이러한 효의 정신을 배워야 한다고 강조한다. 한때는 사라진 줄 알았던 효 문화는 여전히 중국인들의 가슴속 깊이 살아남아 있었다. 그러나 최근 중국 정부가 효도를 강제하는 법을 만들면서 대내외적으로 많은 논란을 일으켰다. 효는 강요가 아닌 선천적인 본능에 의거하는 행동이자 인간의 가장 순수한 감정을 연결하는 행위다. 그래서 중국 정부의 이러한 조치는 의아할 수밖에 없다.

전통적인 중국의 효 사상 ─────

중국의 효자 이야기는 예부터 민간에 전해져 내려오며 중국의 효 문화를 더욱 풍성하게 만들었다. 어른에게 효도하며 노인을 공경하는 이야기들은 중국사회의 효 기풍을 형성하는 데 많은 역할을 했다. 우리에게도 알려진 『이십사효二十四孝』라는 효자집은 송대부터 한국과 일본에도 전해져 우리의 윤리 지침서로서 활용되었다. 효자집에는 시어머니의 쇠약해진 병을 치료하기 위해 자신의 허벅지살을 베어 국을 끓여 병을 낫게 했다는 이야기라든지 부모를 봉양하기 위해 자식을 죽이는 등의 극단적인 효행에 대해서도 이야기하고 있지만, 내용의 핵심은 부모를 공경하고 존중하며, 마음을 헤아려 드려야 한다는 것이다. 『이십사효』에 나오는 이야기 중 하나는 이러했다.

색동옷을 입고 부모를 기쁘게 해드리다(戲綵娛親: 희채오친)

주나라 때에 노래자老萊子라는 사람은 본성이 매우 효성스러워 부모님을 극진히 봉양하였다. 그가 부모님께 봉양하는 것은 모두 가장 달고 맛있는 것과 가장 신선하며 연한 음식이었는데, 그 이유는 부모님의 이가 이미 다 빠져버렸기 때문이었다. 노래자의 나이도 이미 칠십을 넘었지만, 부모님을 기쁘게 해드리기 위해 늘 오색의 색동옷을 입고 어린아이

● 24효에 나오는 희채오친을 주제로 그려진 작품.

의 모양으로 분장하여 부모님 곁에서 재롱을 부렸다. 부모님은 그의 이와 같은 모습을 보고 웃음을 참지 못하였다.

사람이 이미 늙었으나 스스로 감히 늙었다고 하지 않고 일부러 색동옷을 입고 재롱을 떨며 부모님의 마음을 기쁘게 해 드리는 것은 오직 천성이 효성스런 자만이 할 수 있는 것이다.

이렇듯 효친 사상은 가정에서의 경로敬老를 말하며 정신적이든 물질적이든 노인을 위하는 마음가짐을 갖는 것을 말했다. 비단 민간에 전해지는 효자 이야기뿐만 아니라 노인을 존경하는 문화는 점차 사회·정치제도의 내용이 되었으며 체계적이고 완전해졌다. 중국의 역대 왕조들은 정기적으로 노인들을 초대해 연회를 베푸는 노인 우대 정책을 실시했다. 국가적으로는 사람의 나이가 50세가 되면 노인이라고 규정하였으며, 50세가 된 사람에게는 정미精美한 음식을 제

공해야 하고, 60세에게는 육식을, 70세에게는 위 두 가지 음
식을 준비해야 한다고 하였다. 또한 50세가 넘은 노인에게
는 부역을 면제해주었고, 60세가 넘으면 병역을, 80세가 넘
으면 가족 중 한 명이 집에 남아 봉양할 수 있도록 국가의
징집을 면제해주었다. 80~90세의 노인은 잘못을 저질러 죄
를 지어도 형벌을 내리지 않았다.

중국의 역대 왕조들은 효를 국가통치의 기본으로 삼아
관리를 뽑을 때도 『논어』나 『효경』을 필수과목으로 하였다.
자사, 순찰사 등을 비롯한 관리들은 자신의 관할구역에서
효자들을 찾아내어 관직에 발탁하기도 했다. 아울러 '불효'
는 10대 악으로 규정하여 노인 모시기를 기피하거나 패륜
을 저지르면 죄질에 따라 태형이나 사형에 처했다. 불효 행
위는 사람된 도리를 저버리는 행위로 간주하였고 효의 대상
은 조부모와 부모, 고모, 형, 누나 등에 이르기까지 광범위
하게 포함되어 있었다. 황제의 사면령赦免令이 내려지더라도
불효 행위를 저지른 자들은 제외될 정도로 당대에는 최고의
범죄 행위로 간주되었다. 불효에 대한 강한 규제는 당시 황
제들의 '효치천하孝治天下'를 비롯한 효에 대한 강한 의지의
표상이었다. 반면 효를 행한 자들에게는 그것이 비록 복수
라 할지라도 선처를 해주었다. 오히려 복수를 하지 않은 자
식에게는 대의를 저버리는 것으로 간주하여 처벌했다. 율령
체제가 완비된 사회였음에도 불구하고 복수는 일반 범죄와
달리 면죄나 감형의 대상이었고 오히려 효성을 높이 칭송하

였다. 이렇듯 노인을 공경하는 현상은 역대 왕조나 민간에 계승되어 중국 특유의 풍속을 형성하였으며 아름다운 전통이 되어 발전해 나갔다.

그러나 고대 중국에서 국가적 차원에서 '효'를 강조하고 장려했던 이유는 지배 이념을 강화하기 위한 목적도 포함되어 있었다. 『효경』에서는 효를 각자 자신의 직분을 다하는 것으로 여겨 부모와 자식 간의 관계뿐만 아니라 군신관계를 비롯한 각종 사회질서를 유지하는 덕목으로 여겼다. 즉, '가정'과 '국가'는 절대 분리될 수 없는 하나의 유기체로서 '부모(군주)'에게 '효(충)'를 행하는 것은 무엇보다 중요한 덕목으로 간주되었던 것이다.

역대 왕조들은 효를 이용하여 모든 부분에서 백성에 대한 지배를 강화했다. 이러한 의미에서 효는 가정윤리의 근간이면서 동시에 국가윤리이기도 했다. 국가적으로는 사적 영역에서 강조되던 '효'를 정치적 지배층의 권력을 뒷받침하기 위한 목적으로 강조되었다. 비록 효孝가 우선인지 아니면 충忠이 우선인지에 대한 논쟁은 있었지만, 가정家과 국가國는 동일한 선상에 있으며, 군권君權은 부권父權의 확대적 개념으로 간주했다. 즉, 가족 내의 효도를 군주에 대한 충으로 확대 해석함으로써 군왕에게 불충하는 것을 가족윤리를 해치는 불효처럼 엄하게 처벌해야 한다는 논리 전개가 가능했다. 이러한 관점에서 체제 질서를 유지하고 싶었던 당시 지배계층에게 유교의 효 사상은 매우 매력적인 통치수단이었다.

효 문화 소멸의 시기 ——————————————

오랜 세월 중국사회를 지배했던 '효' 사상은 20세기 초
에 접어들면서 급격한 비판의 대상이 되었다. 중국의 지식
인들은 서구로부터 중국이 침략을 받고 제국주의의 군사력
에 굴복할 수밖에 없었던 원인을 유교의 폐해에서 찾았다.
신분질서를 강조한 봉건윤리 사상이 중국의 발전을 억제하
게 되었고 결국에는 서구열강에게 굴복할 수밖에 없었다는
논리였다. 아편전쟁에서 패배하기 이전 중국은 서양의 그
무엇도 자신들의 천조대국天朝大國적 입지를 따라올 수 없기
때문에 그들에게는 배울 것이 없다는 생각이 지배적이었다.
그러나 아편전쟁과 청일전쟁에서의 패배에 의해 그 한계성
을 자각하게 되었다. 자유주의 경제체제를 주장한 아담 스
미스의 학설을 받아들인 영국과 유럽은 작은 나라임에도 불
구하고 부강한 국가를 건설해 세계를 제패했다. 중국과 마
찬가지로 서구의 기술과 제도를 함께 모방했던 일본이었지
만, 일본은 모든 방면에서 중국보다 훨씬 앞서 있었다. 중
국의 지식인들은 자신들이 이들에게 뒤쳐진 원인을 유교문
화를 앞세운 봉건제도에서 찾았다. 중국의 경제를 낙후시키
고 발전을 저해시킨 요인이 바로 전통문화에 있다고 본 것
이다. 유교문화는 곧 봉건제도 하에 세워진 정치와 사회제
도를 의미했다. 그래서 단순히 서양의 것을 받아들이는 것
을 넘어 유교문화를 소멸시켜야 한다는 관점에까지 다다르
게 된다.

● 신문화 운동을 추진하던 천두슈는 부강한 중국을 건설해 나가기 위해서는 전통사상에서 해방되어야 한다고 주장했다.

신문화 운동의 기수이자 중국공산당 초대서기였던 천두슈陳獨秀는 공자의 효 사상이 봉건시대의 잔재이므로 현대 사회에 부적합하다고 강조했다. 중국의 효 사상은 가족과 가족의 구성원만 있을 뿐 개인은 존재하지 않고 수직적 복종 윤리만을 강조한다는 것이었다. 천두슈는 개인을 자주 독립적인 인격체로 보지 않는 삼강오륜과 충효에 대해서 맹렬한 공격과 비판을 가했다. 그는 "민주를 옹호하기 위해 구윤리와 구정치에 반대하지 않을 수 없고, 과학을 옹호하기 위해 구예술과 구종교에 반대하지 않을 수 없다."고 했다. 당시 지식인들은 구시대적 질서가 서구로부터 침략을 받게 만든 근본적인 원인이라고 여겼기 때문에 유교문화의 하나였던 '효'도 비판의 대상으로 삼았다. 즉, 서구세계의 충격에 의해 중국의 전통적인 사상은 근본적인 변혁을 강요당하게 되었다. 5·4운동 때의 반봉건 운동은 유교문화의 타파와 함께 경로사상까지 말살했다. 당대 지식인들의 이러한 생각들은 5·4운동 이후 효를 전면 부정하는 결과를 초래했으며, 근대까지도 전통효행은 우매한 것이라는 인식을 뿌리 깊게 심어 놓았다.

중화인민공화국을 건국한 마오쩌둥도 충효사상이 통치계급에게 반항하지 못하도록 만든 질서이기에 이를 권위주의를 상징하는 문화로 보았다. 사람과 사람 사이의 차별, 혹은 남녀의 차별을 불러일으키는 가부장적 유교문화처럼

● 문화대혁명 시기에는 지위 고하를 막론하고 비판의 대상이 되었다.

충효사상도 신분질서를 강조한 봉건윤리에 있다고 보았기 때문이다.

　1949년 사회주의 국가를 건국한 이후 중국 정부는 가족주의, 씨족주의, 종교, 민간신앙 등과 같은 전통적인 문화는 사회주의 혁명이념과 맞지 않는다는 이유로 금지시켰다. 무산계급을 주장하던 공산당에게 신분질서를 강조한 충효사상도 용납될 수 없는 구시대적 관습으로 치부되었다. 사회주의 국가를 건설하기 위해서는 전통문화도 극복해야 할 대상일 뿐이었다. 문화대혁명이 극으로 치달을 때는 '혁명의 대의'를 위해 "육친도 몰라봐야 한다六親不認."는 잔인한 계급투쟁의 논리까지 이어졌다. 자식이 부모를 반동분자로 고발하고 매질을 하는 것이 허용되는 등 효는 극단적인 소멸의 단계까지 접어들게 되었다. 잔인했던 시대를 거치며 가족들도 서로를 경계하거나 멀리하지 않으면 안 되는 상황이 되었다. 결국, 중국의 극좌적 정치운동이 유교를 극심하게 비판하면서 효의 정신도 거의 소멸되었다. 이후 유교의 효 사상은 오랜 세월의 문화적 단절과 왜곡에 의해서 침체를 면치 못했다. 이로 인해 효의식이나 효의 실천 관행은 중국인들의 인식 속에서 약화되었다.

효 문화의 부활과 중국의 고민

마오쩌둥 시기 핍박 받았던 중국의 전통문화는 개혁개방과 함께 다시 부활하게 되었다. 개혁개방 이후 중국학계는 유교사상, 효 문화, 민족문화 등 다양한 방면의 전통문화 부흥운동을 전개했다. 1996년 중앙위원회 제6차 전체 회의에서는 개혁개방과 현대화 건설 과정에서 애국주의와 공동체의식, 공중도덕, 가정예절 등의 도덕관도 함께 세워야 한다는 것을 강조했다. 여기서 말하는 가정예절의 도덕관은 노인공경이나 부모 부양과 같은 효의 덕목을 의미한다. 아울러 1989년부터는 9월 9일을 '노인의 날'[1]로 지정하며 자녀가 부모를 봉양하는 효 문화를 장려하기 시작했다. 이후 효 문화 부활 운동은 법제 정비를 통해서도 지속적으로 보완

---

1 9월 9일은 본래 홀수가 두 번 겹쳐 복이 들어온다는 중양제(重陽節)지만 9(九: jiǔ)라는 음이 '오래도록'이라는 의미를 가지고 있기 때문에 '오래오래' 건강하게 사시라는 의미로 '노인의 날'로 지정하였다.

됐다. 이를테면 중국의 헌법 제49조에서는 '성인 자녀는 부모를 부양할 의무가 있다'라고 규정하고 있다. 그리고 만약 '자녀가 부모에 대한 부양 의무를 이행하지 않을 때는 부모가 자녀에게 생활비 지급을 청구할 권리가 있다'라고 명시해 놓았다. 아울러 1996년에는 '노인권익보장법'을 제정하여 '노인이 국가와 사회로부터 물질적인 도움을 받을 권리와 노인권익보호가 사회 전체의 책임임'을 명시하고 있다. 그러나 이러한 법제적인 조치에는 몇 가지 문제가 있었다. 우선 효심에 의한 부양의 의무를 권유할 뿐 실천에 대해서는 자율에 맡겼다. 자녀가 부양 능력이 있음에도 불구하고 부양의 의무를 저버릴 때만 청구권 행사가 가능했다. 이는 부양 능력이 없으면 책임을 면제받을 수 있음을 의미했다. 또한, 생활비와 같은 경제적인 부양의 의무만 강조할 뿐 정신적인 부양의 의무에 대해서는 명확한 제안이 없었다.

중국은 1980년 이래 노인 인구가 지속적으로 증가해 2001년 이미 고령화 사회로 진입했다. 2014년에는 노인 인구만 2억을 넘었고 그중 독거노인의 비중도 거의 50%에 달한다. 반면, 정부의 고령화 정책 부재와 도시화, 핵가족화로 인해 노년층은 사회와 가족으로부터 소외를 받고 있다. 경제적인 능력이 부족하거나 지병을 앓고 있는 노인만도 3,300만 명에 달하지만, 사회안전망은 여전히 부실하다. 사회보장제도의 미비가 노년층의 경제적 빈곤을 가중시키고 있지만 이들에게는 정신적인 빈곤 문제가 더 심각하다. 중국인의 평균 수명은 80세에 다다랐지만, 55~60세에 퇴직하는 관행으로 봤을 때, 약 20여 년의 여생을 고독하고 쓸쓸하게 보내게 된다. 자녀가 성장하면서 진학, 취직, 결혼 등으로 부모 곁을 떠나면서 자녀는 있지만, 노인만 거주 하는 가정도 지속적으로 증가하고 있다. 이렇게 자녀들은 떠나고 노인만 남은 가구를 '빈둥지 가정空巢家庭'이라고 한다. 산아제한정책과 함께 급격한 산업화가 진행되면서 빈둥지 가정은 예상보다 빠르게 증가하고 있다. 그럼에도 불구하고 산아제한의 여파로 출산율은 1.55명에 불과하고 가족 구성원도 평균 4.5명에서 3.1명으로 줄어 들었다. 여기에 취업이나 결혼 등의 이유로 부모와 떨어져 생활하면서 부양이 어려운 가정은 더욱 늘어나고 있다. 게다가 2025년에는 노인 인구만 3억 명을 돌파할 것으로 전망되기 때문에 빈둥지 가정 문제는 더욱 심각해질 것이다.

연도별 노년 인구 비중과 부양비

(단위: 10,000명)

연도	총인구(연말)	65세 이상		노인 부양 비율(%)
		인구 수	비율(%)	
1982	101,654	4,991	4.9	8.0
1987	109,300	5,968	5.4	8.3
1990	114,333	6,368	5.6	8.3
1992	117,171	7,218	6.2	9.3
1997	123,626	8,085	6.5	9.7
2000	126,743	8,821	7.0	9.9
2003	129,227	9,692	7.5	10.7

| 연도 | 총인구(연말) | 65세 이상 | | 노인 부양 |
		인구 수	비율(%)	비율(%)
2006	131,448	10,419	7.9	11.0
2009	133,450	11,307	8.5	11.6
2012	135,404	12,714	9.4	12.7

자료출처: 중국국가통계국 http://www.stats.gov.cn/tjsj/ndsj

중국 정부가 각종 사회보장제도를 정비하면서 고령화 문제를 완충하고자 하지만 노인들의 심리적인 문제까지 해결해주지는 못하고 있다. 빈둥지 가정 노인의 40%가 고독감(외로움)을 느끼고 있고 농촌 노인의 75%는 생활이 매우 "고독하다."고 답했다. 심지어 상하이 노인의 19.9%는 "심리 상담이 매우 필요하다."고 한다. 이러한 정서상의 빈곤이 노인들을 자살로 내몰고 있다. 중국에서는 매년 10만 명 이상의 노인이 자살하고 있으며, 그중에서도 농촌 노인들의 자살률은 전체의 80%에 이른다.[2] 농촌 노인들의 자살률이 높은 이유는 명확하다. 바로 지병과 외로움 때문이다. 자살을 선택한 노인들 대부분이 지병에 지쳐서, 가족들에게 신세

● 독거노인에게 관심을 갖자는 중국의 공익광고.
나를 홀대하지 말아달라는 글이 쓰여있다.

---

2 WHO가 발표한 〈자살예방보고서〉에서는 2012년 중국에서만 28만 명이 자살을 했고, 그중 10만 명이 노인 인구였다고 발표했다. 인구 10만 명당 자살자는 50~69세는 15.7명, 70세 이상은 51.5명이었다. 2012년 전 세계에서만 약 100만 명의 사람들이 자살을 한 것으로 보고되어 중국의 자살률이 전체의 30% 가까이를 차지했다.

지기 미안해서 극단적인 선택을 하고 있다. 고독한 노인의
증가는 중국의 현대화 과정과 제도의 모순이 교차하면서 발
생하고 있다. 한 자녀를 둔 가정이 많고 지역 간 거리가 멀
어 자주 부모를 찾아가기 쉽지 않다는 특수성도 고독한 노
인을 확대시키는 원인 중 하나다.

WHO에서 추산한 성별, 나이에 따른 자살률(2012)

국가	성	자살자 수 (모든 연령), 2012	모든 연령, 특정 연령 자살률 (100,000당), 2012					
			모든 연령	5~14세	15~29세	30~49세	50~69세	70세 이상
중국	남여	120,730	8.7	0.5	4.2	5.1	15.7	51.5
	여성	67,542	10.1	0.5	5.9	7.1	17.0	47.7
	남성	53,188	7.4	0.4	2.7	3.2	14.4	55.8

자료출처: Preventing suicide – A global imperative 2014에서 정리.

효도법 발효

이렇게 물질적, 정신적인 빈곤을 겪고 있는 노인들에게
정신적인 빈곤 문제라도 해결해 주자는 취지에서 발효된 것
이 바로 노인권익보장법이다. 일명 '효도법'이라 불리는 노
인권익보장법은 본래 1996년에 제정됐지만, 주요 내용을 수
정하여 2013년 7월에 새로 반포했다. 기존의 내용이 부모공
경과 노인복지 향상이라는 원론적인 법규였던 반면 개정된

효도법은 '부모를 오랫동안 방문하지 않거나 괄시하면 처벌된다'라는 등의 조항이 새로 추가되면서 의무와 법적 제재에 관한 내용이 강조되었다. 개정된 법은 자녀가 부모에게 금전적인 지원뿐만 아니라 자주 부모의 안부를 묻거나 하는 교류를 유지하는 부분에 중심을 두고 있다. 부모 부양을 피하기 위해 유산 상속권을 포기하는 것도 금지됐다. 이를 어길시 법원이 벌금을 부과하거나 구류 결정도 내릴 수 있다. 실제로 이 법이 발효된 직후 장쑤성江蘇省 베이탕구北塘區 인민법원은 부양을 기피한 딸과 사위에게 노인권익보장법을 적용해 두 달에 한 번씩 의무적으로 문안 인사를 드리라고 판결했다. 이 법에는 부모님과 멀리 떨어져 사는 직원에게 고용주들이 20일의 유급 휴가를 줘야 한다는 내용도 담겼다.

오늘날 중국인들의 가치관이 변화되고 개인주의가 만연하고는 있지만 효도가 강제되어야 하는지에 대해서는 여전히 논란의 여지가 있다. 이전까지만 하더라도 부모님을 찾아뵙고 안부를 묻는 것은 '도덕적 가치관'에 속했지만, 효도가 법률화되면서 지키지 않으면 처벌을 받게 되는 '법적 기준'이 되었다. 윤리와 법을 가르는 기준점은 바로 강제성의 여부다. 효도를 행하지 않는 것은 사회적으로 비판받아 마땅하지만, 이를 법으로 강제함으로써 오히려 효의 가치를 떨어트리는 결과를 낳는 것은 아닌지 생각해 볼 문제다.

그러나 이렇게 효도를 강제하는 것에는 중국 정부의 고

민이 숨어있다. 최근 중국에서는 고령의 어머니를 돼지우리
에 방치해 둔 사건이 보도되어 충격을 주는가 하면 독거노
인들이 늘어나면서 고독사 문제가 사회적 이슈로 부각되고
있다. 자녀와 연락이 끊기면서 사망한지 몇 달이 지난 뒤에
발견되거나 5년 넘게 시신이 방치된 경우도 있었다. 반면
부모의 재산을 물려받고도 부양을 하지 않는 행태가 사회적
으로 비난받고 있다. 부모와 자녀들 간의 부양문제는 매년
늘어나고 있지만, 그동안 관련법이 마련되어 있지 않아 처
벌하지 못했었다. 그래서 중국 정부는 이를 완충할 법제적
장치가 필요하다고 판단한 것이다. 효도법을 두고 약화된
효도문화를 바로잡기 위한 방편이라는 해석도 있지만, 도
시화와 한자녀 정책으로 붕괴된 전통가족제도를 바로 세우
려는 의도가 더 강하다. 물론 노인을 부양하는 문제를 비단
가정사로만 치부할 수는 없다. 노인들의 노후문제는 국민연
금이나 사회안전망과 같은 사회보장체계의 지원도 필요하
다. 하지만 사회서비스로는 노인들의 정서적인 부분까지 해
결해주기가 어렵다. 그래서 정신적인 빈곤 문제라도 해결하
기 위한 방책이 필요하다고 판단한 것이다. 그렇다면 새로
개정된 일명 '효도법'에 대한 중국인들의 생각은 어떨까?
결론적으로는 이 법을 긍정적으로 보는 인식이 훨씬 많다.

『중국청년보』가 발표한 인터넷 조사에서는 3,277명 중
66.9%가 효도법 제정에 찬성했다. 63.3%는 법률제정과 관
계없이 "부모를 자주 찾아뵙겠다."고 답했고 21.2%만이 법

률제정으로 인해 "이전보다 자주 찾아뵐 거 같다."고 응답
했다. 31.4%는 이 법이 제정됨으로써 효도의 사회적 가치
가 높아질 것이라고 평가했고, 23.6%는 '선의의 법치'로 해
석하며 긍정적으로 받아들이고 있는 분위기다.

　반면 "개인권리에 대한 공권력의 과도한 간섭"이라는
부정적인 의견은 8.8%에 불과했다. 중국인들의 반응이 긍
정적인 것은 이 법이 부모와의 연계를 장려하기 위한 목적
이 강할 뿐 처벌을 위한 법이 아니라는 데 있다. 예를 들면
법률 28조에 있는 '자주 찾아뵙거나 안부를 물을 것應當經常看
望或者問候老人'이라는 내용은 부모를 정기적으로 방문해야 하
지만 그럴 여건이 안 된다면 기타 통신수단을 통해 안부를
전하는 방법도 인정된다는 해석이 가능하다. 즉, 전화, 팩
스, 메일 등의 방법으로 연락하며 지내는 것도 직접 방문한
것과 동일하게 인정받는다. 이 법이 표면상으로는 강제적으
로 보일 수도 있지만, 부모와 자녀 간에 연계가 완전히 끊
어질 경우에만 제재가 가해지기에 긍정적인 반응이 나오고
있는 것이다. 즉, 일반적인 가족관계에서는 별다른 영향력
이 없다. 객관적으로 판단했을 때 인륜을 망각한 행동을 보
이는 자녀들에게만 해당될 수 있는 사항이고 부모의 고소가
있어야만 법적인 처벌이 가능하다. 게다가 얼마나 자주 방
문을 해야 하고 어떠한 처벌을 받는지에 대한 기준도 명확
하지 않다. 그래도 이 법이 제정됨으로서 불효를 행하는 당
사자들에게는 심리적인 압박을 줄 수 있기 때문에 일정한

효과는 있을 것으로 기대하는 것이다.

실제로 광저우 양로기관의 통계를 보면 효도법이 발효된 이후 부모를 찾아오는 자녀들의 수가 30%나 증가한 것으로 나타난다. 앞으로 이 법이 발전한다면 물려받은 재산을 환수하거나 부모를 부양하는 자녀의 세금을 감면해주는 법안으로 확대될 가능성도 높다. 효도까지 법안으로 마련해야 제대로 효도할 수 있다는 현실은 안타깝지만, 노인부양은 중국사회가 함께 고민해야 하는 숙제이기에 선의의 법으로 해석을 해야 한다.

대리효도를 한다고?

최근 중국에서는 효도법 발효와 함께 부모를 찾아뵙기 어려운 자녀들을 대신하는 효도대행업_{代看望老人}이 입방아에 오르고 있다. 도시화와 맞벌이, 핵가족화 추세로 부모와 떨어져 살고 있는 자녀들을 대신해 효도를 대행하는 이 업체들은 청소나 안마, 병원 모셔다 드리기, 마작해 드리기, 식사 준비 등 약 30여 개의 서비스 품목을 제시하고 있다. 이를 두고 중국인들을 '상술의 달인'이라고 평가하지만 사실 효도대행업은 중국보다 먼저 고령화 사회로 진입했던 일본에서 시작했던 사업아이템이었다. 어쨌든 이러한 상품이 출시되자 중국 매체들은 "효심을 상품화 할 수 없다."며 부

● 효도 대행업

정적인 반응을 보이고 있다. 그러나 효도법 시행 이후 전
국 각지에서는 관련 업체들이 등장하기 시작했다. 가격도
천차만별이다. 하루 2~4시간 서비스에 한 달간 1,200위안
을 받는 곳도 있고 이틀에 3천 위안이 넘기도 한다. 시간 당
100위안 정도니 그리 저렴한 가격은 아니다.

　　사실 이런 유형의 서비스는 효도법이 발효되기 이전부
터 있었다. 이전부터 '심부름 회사跑腿服務公司'를 운영하던
업체들이 자녀들을 대신해 거동이 불편하신 부모님들을 모
시는 서비스를 하고 있었다. 그러나 효도법이 시행된 이후
에는 상호를 바꾸어 효도대행업에 나선 것이다. 이전부터
바쁜 업무 때문에 부모님을 도와드리기 어려웠던 사람들이
주로 이용하던 서비스였지만 효도법 시행과 함께 주목을 받
기 시작한 것이다. 그러면 효도대행업체를 통한 대리효도
도 효도법에 부합하는 것일까? 그렇지 않다. 대리효도를 위
탁한다고 할지라도 법적으로 효행을 인정받는 것은 아니다.
효도법의 취지는 부모와 자녀 간의 감정교류를 유지하기 위

한 것이다. 자주 찾아뵙고 연락을 하며 부모의 외로움과 공허함을 달래주는 것이 정책의 주요 목적이다. 대행업체가 청소나 안마를 해드린다고 자녀와의 감정교류를 대신할 수는 없을 것이다. 중국인들의 생각도 크게 다르지 않은 것 같다. 인터넷상에 업체들은 많지만, 실제 계약이 성사되는 경우는 그리 많지 않다. 다만 시간상 몸이 불편하신 부모님을 도와드리기 어려운 자녀들이 주로 의뢰를 한다고 한다. 효도법 시행과 함께 효도대행업이 등장했다며 국내외적으로 많은 비판을 받았지만, 실상을 알아보면 그렇지 않았다. 대행업은 도시화와 함께 고령화 사회로 진입한 대부분의 국가들에서도 볼 수 있는 현상이었고, 이는 자녀들의 빈자리를 메워주는 새로운 형태의 상업화일 뿐이다.

효에 대한 중국인들의 인식

효도를 행하는 데 있어 중요한 것은 진정성이다. 아무리 효도를 한다고 할지라도 이것이 강제적이라면 효의 가치는 빛을 잃고 만다. 만약 효가 진정성에서 우러나오는 인애仁愛에 뿌리를 두고 있다면 중국 정부의 우려와는 달리 현대 중국인들의 효심에는 큰 문제가 없는 것으로 보인다. 『중국청년보』의 조사에서는 86.3%의 사람들이 부모에게 "효도를 다하지 못하고 있다."고 밝혔고, 오직 13.7%만이 "충분히

효도하고 있다."고 답했다. 통계 결과가 이렇다면 중국인들
은 효도를 충분히 하지 못하는 것이 아닐까? 그렇지 않다고
본다. 만약 효심이 없다면 "효도를 다하지 못하고 있다."는
답변이 나오기 어려웠을 것이다.

다음 조사 결과를 보면 그 이유를 알 수 있다. 다른 조사
에서는 "자주 부모님을 찾아뵙는가?"라는 질문에는 78.6%
가 "그렇다."고 답했고 "전화로 문안을 드리는가?"는
65.5%가 "그렇다."고 답변했다. "효도를 왜 해야 하는가."
의 질문에서는 62%가 "부모님을 사랑하기 때문에"를 선택
했고, "은혜에 보답하기 위해서"는 35%, "전통적인 도덕의
구속 때문에"는 3%에 불과했다. "전통적인 도덕의 구속 때
문에"를 강제적인 효도로 해석한다면 나머지 조사 결과는
자발적인 효도로 해석이 가능하다. 그렇다면 현대 중국인들
의 효심에는 큰 문제가 없는 것으로 판단할 수 있다.

중국 대학생들의 효에 대한 인식에서도 조사대상자의
99%가 현대 사회에서도 효를 중요시할 필요가 있다고 답했
다. 42%는 여건이 된다면 부모님과 함께 살고 싶다고 했으
며, 46%는 1주일에서 한 달에 한 번씩 찾아뵙기를 원한다
고 응답했다. 부모님이 편찮으시다면 직접 부모님을 부양하
겠다고 한 학생들도 74%에 이르렀고 21%는 가정부를 고용
해서라도 보살필 것이라고 답했다. 대학생들 대부분은 부모
님을 모시는 것에 대해 큰 거부감이 없었다. 다른 여러 조
사에서도 대부분의 대학생들이 부모의 의견에 순종할 수

있으며, 효가 인간의 중요한 덕목이라고 생각하고 있었다. 효도 방법에 대해서도 '학업에 대한 부모님의 기대를 만족시켜드려야 한다'고 생각하는 비율이 높았는데, 이는 학업 성취에 기대가 높은 부모님의 요구에 부응해야 한다는 의식 때문인 것으로 풀이된다. 효에 대한 의식은 의외로 여학생이 남학생보다 높았고 농촌보다 도시의 학생들이 더 높았다.

중국인들은 부모와 자식 간에 서로 존중하고 양보하면서 애정이 싹터야 자연스러운 효심이 생긴다는 것을 알고 있다. 다만 치열한 현대 사회에서 사회·경제적인 원인으로 인해 부모님을 자주 찾아뵙기 어렵고 이에 대해 심적으로는 불효의 마음을 느끼고 있다는 점에서 중국인들의 효심에 대한 근본적인 문제는 없는 것으로 판단된다.

현대 중국의 효자들 ─────────

요즘 중국에서 회자되고 있는 효자들은 너무나도 많다. 병든 노모를 업고 9년간 산에 오르는 효자부터 먼저 떠난 부인을 대신해 장모를 돌보는 사위, 떠난 남편을 대신해 시댁 어른 여섯 분을 봉양하는 며느리까지 중국에는 알려지지 않은 효자들이 많다. 중국에서 회자되어 사람들의 효심을 자극하는 효행들을 모아보면 다음과 같다.

리우팅劉霆은 대학교 1학년생이
다. 그가 13살 되던 해 어머니가 요
독증후군을 앓기 시작하시면서 저
축해둔 돈과 집을 모두 치료비로 쓰
게 되었다. 그 와중에 아버지는 집
을 나가셨다. 그럼에도 불구하고 리
우팅은 어머니 병간호와 공부를 병
행하며 2005년 9월 대학에 합격했
다. 대학에 다니면서 어머니의 병
간호가 어려워지자 리우팅은 어머
니를 업고 학교에 다니기 시작했다.
소득이 거의 없기 때문에 매달 학교

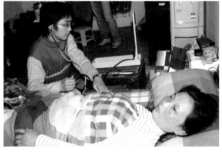

에서 지급되는 '고학생 장학금勤工儉學' 50위안으로 힘든 생
활을 이어나가고 있다. 리우팅은 학업과 병간호를 위해 학
교 근처에 3평짜리 집을 얻어 생활하고 있다. 집은 빛도 들
어오지 않는 4층에 있어 리우팅은 매일 어머니를 업고 계단
을 오르내리며 일광욕을 시켜드리고 있다. 리우팅은 집에서
어머니를 위해 침을 놓거나 의료기기를 다루는 법을 배우는
등 병간호에 정성을 다하고 있다. 어머니 병수발을 하며 강
한 생활력을 보여준 리우팅의 사례는 많은 중국인들에게 감
동을 주고 있다.

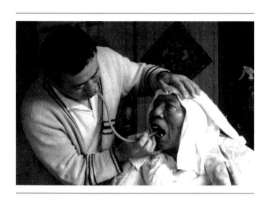

왕시하이王希海의 아버지는 1980년 뇌출혈로 식물인간이 되셨다. 어머니는 허약하시고 동생은 선천성 전신마비 환자다. 집안의 모든 중책은 당시 23살이었던 왕시하이가 짊어져야 했다. 직장을 다니던 왕시하이는 해외에서 근무할 수 있는 기회도 마다하면서 퇴직을 결정했다. 그는 24년 동안 아버지의 병간호를 하면서 80세까지 살도록 해드리겠다고 다짐했다. 식물인간이 20년 넘게 생존하기는 매우 어렵다고 한다. 24년 뒤에 병원을 찾아갔을 때도 의사들은 그의 말을 믿지 않았다. 나중에 사실을 안 의사들이 사과를 하며 그의 효행을 세상에 알렸다. 왕시하이의 목표대로 부친은 80세 넘게 생존하셨다. 이미 50살을 넘긴 왕시하이는 아버지를 위해 두 가지를 포기했다. 하나는 직장이고 다른 하나는 결혼이다. 그는 이렇게 말한다. "만약 결혼을 했더라면 아마도 가정을 제일 우선으로 해야 했을 겁니다. 그러나 저에게는 영원히 아버지가 제일 우선이십니다." 그는 아버지가 돌아가시기 전까지 매일 목에 걸린 가래를 튜브로 흡입해 드렸고 신선한 우유를 드리기 위해 30분 거리에 있는 상점만 다녔다고 한다.

　　궈스쥔郭世俊의 어머니는 그가 어렸을 때부터 뇌막염
에 걸린 후유증으로 혼자서는 아무것도 하지 못하는 처지
다. 아버지의 농사일로 가족들이 겨우 입에 풀칠을 했으나
2012년 6월 아버지마저 다리에서 떨어지는 사고로 하반신
이 마비되셨다. 18살의 궈스쥔이 가족을 책임져야 하는 상
황이 되었다. 9월에 학교가 개학하자 궈스쥔은 조부모님께
어머니를 의탁하고 자신은 아버지와 함께 학교 근처로 이사
를 갔다. 그곳에서 공부를 하며 아버지를 돌보는 생활을 이
어나갔다. 그는 매일 아버지의 대소변을 받아내며 식사와
안마를 해드리고 있다. 아침 5시에 일어나 밤 12시까지 매
일 반복되는 생활을 하고 있지만 자신이 불행하다고 생각하
지 않는다. 그의 친척들도 궈스쥔의 효성에 감동해 아버지
의 수술비와 생활비를 지원해주고 있다. 한창 집안의 지원
과 관심이 필요한 나이지만 궈스쥔의 효행이 알려지면서 많
은 이들을 감동시켰다.

왕루이 형제王銳, 王凱는 어머니를 모시고 세계 최초로 전국 수레 여행을 했다. 당시 어머니의 연세는 79세, 두 형제들 역시 50대 후반의 고령이었다. 형제는 어머니를 수레에 모시고 길 위에서 먹고 자며 전국 1,000여개 지역을 여행했다. 베이징에서 홍콩까지 총 517일의 여정에 장장 23,000km가 넘는 거리였다. 중국공산당의 불가사의한 업적으로 꼽히는 대장정이 9,600km이었으니 두 형제가 얼마나 긴 여정을 했었는지 짐작이 가능하다. 형제는 일찍 돌아가신 아버지를 안타까워하며 어머니 생전에 많은 곳을 여행시켜드리고 싶어 했었다고 한다. 그러나 어머니께서 차멀미가 심하셔서 묘안을 짜낸 방법이 수레여행이었다.

두 형제의 전국일주는 많은 이들에게 감동을 주었다. 형제는 자신들의 수레 이름을 감은호感恩號로 지었다. '은혜에 감사하다'라는 뜻이었다. 멋진 자동차나 비행기 여행은 아니었지만 이들의 효도여행은 가는 곳마다 많은 사람들의 환영을 받았다. 언론의 주목을 받으며 많은 중국인들에게 효의 의미를 되새기게 해주었다. 이들은 효도여행을 끝마친 후 자신들과 같은 처지의 사람들을 돕기 위한 지원도 하고 있다.

효도의 현대적 이해 ─────────────

효도란 중국과 아시아에 뿌리내린 독특한 문화이면서
기본적인 도덕규범이었다. 공자는 효가 자연스럽게 우러나
오는 존경과 사랑의 표시라고 정의했다. 비단 유교에서 뿐
만이 아니라 불교에서도 부모의 은혜에 대한 보은이나 감
사, 자녀의 도리 등을 내세우며 효의 실천을 강조하고 있
다. 전통적인 효는 개인이나 사회 등 우리의 삶을 조화롭고
질서 있게 조절하는 원리이자 만행의 근본이었다. 그러나
현대 사회의 급속한 변화에 의해 그 본래의 의미도 점차 퇴
색되고 약화되었다. 한동안 중국사회에도 전통문화가 단절
되면서 효의 명맥이 끊어진 것처럼 보였다.

그러나 앞서 여러 사례에서도 알 수 있듯이 중국인들의
유전자에는 여전히 효심이 살아남아 있었다. 비록 중국인들
의 생활터전이 농촌에서 도시로 옮겨가고 있고, 가족 형태
도 대가족에서 핵가족으로 변화하고 있지만 몸속 깊이 각인
된 효심은 여전히 힘을 발휘하고 있다. 문화대혁명 기간을
거치면서 효에 대한 정신이 약화됐다고 하지만 효를 실천하
는 방식은 현대 사회의 변화와 더불어 다양해지고 있다. 물
론 사회가 발전하면서 전통적인 효도 관념도 약해진 것은
사실이다. 그러나 전통적인 효도문화를 선전하고 강조하는
것보다는 효의 보편적인 가치와 의미를 되새기는 분위기를
조성하는 것이 중요하다.

미꾸라지도 물고기다

UNVEILED FACE OF CHINA

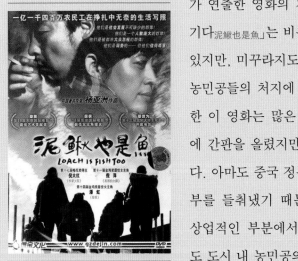

● 「미꾸라지도 물고기다」 포스터

　　"미꾸라지도 물고기다." 아마도 이 말이 현재 중국 농민공農民工의 처지를 제일 적절하게 표현한 말이라고 생각한다. 중국의 젊은 감독 양야조우楊亞洲가 연출한 영화의 제목인 「미꾸라지도 물고기다泥鰍也是魚」는 비록 어두운 진흙 속에 살고 있지만, 미꾸라지도 엄연히 물고기임을 도시 농민공들의 처지에 비유했다. 2006년에 개봉한 이 영화는 많은 우여곡절을 겪으며 극장에 간판을 올렸지만, 큰 환영을 받지는 못했다. 아마도 중국 정부가 감추고 싶어 했던 치부를 들춰냈기 때문이라고 생각한다. 비록 상업적인 부분에서는 성공적이지 못했더라도 도시 내 농민공의 입지에 대해 다시 한 번 생각해보는 계기를 마련했다는 점에서는 의미가 깊었다. 영화에 등장하는 남녀 주인공의 이름도 니치우泥鰍(미꾸라지)다. 이들은 각자 농촌에서 올라와 도시인들이 기피하는 일감을 찾아 생계를 이어나가고 있다. 열심히 노력하며 생활하지만 이들의 생활은 좀처럼 나아질 기미를 보이지 않는다. 아무리 노력해도 이들은 여전히 도시의 이방인일 뿐이고 자신들의 의노와는 상관없이 삶은 비극으로 내몰린다. 영화에서처럼 실제 농민공의 삶도 이러하다. 가난한 농촌생활을 벗어나기 위해 도시로 상경해 열심히 살아가고 있지만 도시인들의 시선에 이들은 단지 날품을 팔러온 이방인일 뿐이다.

전체 인구에서 차지하는 경제활동인구 비율이 높아 노동력이 증가하고 이것이 경제성장을 이끈다는 것이 인구 보너스Demographic Bonus의 개념이다. 개발도상국들의 경제가 발전하기 위해서는 노동력 투입이 증가되어야 하는데, 중국은 1960년대 출생한 베이비부머 세대들이 1978년 개혁개방과 맞물려 충분한 노동력 공급과 함께 경제성장을 이끌어갈 수 있었다. 이런 차원에서 농민공은 중국의 경제 발전을 이끌어온 핵심 주역으로 평가받는다. 중국이 일약 '세계의 공장'으로 도약된 것도 농촌에서 유입되는 노동력이 있었기에 가능했다. 중국의 경제성장은 '인구보너스'에서 비롯됐고 이 인구보너스의 대부분은 바로 농민공의 공헌이었다.

그러나 이와는 반대로 도시인들이 이들을 바라보는 시

● 도시에서 농민공
  의 입지는 매우 열
  악하다.

선은 늘 차갑기만 하다. 개혁개방 이래 수많은 농민공이 자신의 노동력을 염가로 제공하며 3D 업종에 매진했음에도 불구하고 도시주민들에게 이들은 여전히 위험하고 낯선 존재일 뿐이다.

도시인들은 이들의 도시 유입을 부정적으로 바라보고 있다. 이들의 이주 현상을 두고 뚜렷한 목적 없이 '맹목적으로 흘러들어오고 있다'하여 '맹류盲流'라며 조롱하기까지도 한다. 농민공이라는 용어 외에도 농촌에서 올라온 학력이 낮고 공장에서 일하는 젊은 여성을 다꿍메이打工妹, 학력과 소득이 낮고 힘든 일에 종사하는 젊은 남성을 다꿍자이打工仔라고 하는데, 이러한 용어가 등장한 것도 바로 이와 같은 이유에서다.

또한, 농민공들이 도시의 비주류에 속한다고 하여 주변인邊緣人이나 주변인 집단邊緣人群이라고까지 부른다. 용어에서도 알 수 있듯이 도시인들은 이들의 도시 유입을 달가워하지 않는다. 농민공이 도시로 몰려듦으로써 도시의 제한된 자원을 공유해야 하고 이들이 도시 범죄율을 높이는 잠재적인 존재라고 보기 때문이다. 이러한 부정적인 이미지를 바꾸기 위해 중국 정부에서는 농민공을 신시민新市民으로 바꾸어 부르도록 하고 있지만, 도시인들의 의식은 쉽게 바뀌지 않고 있다.

농민, 토지를 떠나다 ─────────────

약 2억 6천만 명으로 추산되는 중국의 농민공은 계획경제와 시장경제의 산물이다. 중화인민공화국 건국 초기 농촌 인구가 과도하게 도시로 유입되자 중국 정부는 인구 이동을 제한하는 '호구제도'를 1958년에 제정했다. 호구제도는 중국 국민을 비농업 호구(도시 인구)와 농업 호구(농촌 인구)로 양분화하여 관리하는 제도인데, 목적은 두 가지였다. 하나는 인구 이동을 억제해 '대약진 운동'[1]을 성공시키는 것이었고, 다른 하나는 사회주의 계획경제 체제를 확립한다는 것이었다. 사회주의 계획경제는 국가가 국민에게 직장이나 식량, 의료, 교육, 주택, 사회복지 등을 공급하는 것도 포함되어 있었는데, 이러한 제도가 확립되기 위해서는 인구 이동이 억제되어야 했다.

중국 정부가 과도한 인구 이동 억제와 사회주의 계획경제체제 확립을 위해 실시했던 호구제도는 1958년 제정된 이래 농촌 인구의 도시 유입을 효과적으로 제한해 왔다. 계획경제 체제 하의 노동력 배분체계는 완전고용과 종신고용이라는 사회주의 이념에 토대를 두고 있었고, 이는 호구제도

─────────

[1] 자본이 부족했던 건국 초기 중국이 산업화에 성공하기 위해서는 농업의 노동 집약적 생산을 통해 잉여생산물을 만들어 내는 것이 우선 과제였다. 먼저 농업 생산량을 늘려 잉여생산물을 만들어 내게 되면 농업 노동력을 철강생산과 같은 대약진 운동으로 전환시킬 수 있을 것이라고 믿었다. 농촌 지역에 노동력을 집중시키기 위해 호구제도와 함께 인민공사가 설립되었다.

를 통한 계획적인 노동력 배분체계로 현실화되었다.

그러나 건국 초기 4억 9천만 명에 불과했던 농촌 인구는 1979년에 이르러 7억 9천만 명으로 급증한다. 중국의 영토는 세계에서 3번째로 크지만, 실제 경작 가능한 면적은 전체의 10%에도 미치지 못한다. 그럼에도 불구하고 건국 이후에는 무분별한 난개발과 과도한 인구 증가가 일어나면서 일인당 경작 면적이 감소하게 되었다. 1952년부터 1978년 사이 농촌 인구 증가와 경작지 감소에 의해 일인당 경작 면적은 40%나 감소했다. 예를 들면 1952년 1ha면적의 농지에 투입된 인력이 5명이었다면, 1978년에는 8명 이상으로 늘어난 것이다. 중국이 보유한 경작지 면적에 적정한 농업 인구는 1억 1천만 명이다. 그러나 개혁개방 당시 순수 농업 인구는 3억 4천만 명으로 약 2억 이상의 잉여 노동력이 누적되어 있었다. 1995년 중국 국가농업부의 추정치에서도 당시 농촌 노동력의 1/3이 잉여 노동력에 속한다고 밝혔다. 인구 증가와 토지 감소로 인해 농촌 지역에는 과도한 잉여 노동력이 누적되었지만, 호구제도에 의해 인구 이동은 불가능했

● 1980년대 농민공 행렬.

다. 호구제도는 취업과 배급제도와 연계되어 농촌 노동력을
토지에 묶어 두었다. 계획경제 하에서 실시되었던 인민공사
를 통해 식량공급과 취업을 보장받았지만, 농민들은 마음대
로 조직을 이탈할 수 없었다.

개혁개방 이전 농촌 노동력, 경지 면적의 변화

항목	1952년	1978년	증/감(%)
농촌 노동력(만 명)	18,243	30,538	(증)67.9
농업 노동력(만 명)	18,243	27,488	(증)50.7
경지 면적(만 무)	161,878	149,200	(감)7.8
농업 노동력 일인당 경지 면적(무/인)	8.9	5.4	(감)39.4

농민들에게 탈출구가 생긴 것은 개혁개방이 실시된 이
후다. 도시 경제개발이 잇달아 성공함에 따라 노동력 수요
가 급증한 것이다. 또한 개혁개방 이전 실시되던 배급제도
는 폐지되었고 대신 현금거래가 활성화되었다. 배급제도를
시행했던 당시 제공하던 배급표는 매매하는 것이 엄격히 금
지되어 있었다. 배급표도 각 지역마다 달랐기 때문에 타 지
역에서는 사용이 불가능했다. 타 지역에서의 거주 자체가
불가능했던 것이다.

계획경제체제에서 식량, 주택, 노동에 대한 공급은 정부
의 계획 하에 제공되었다. 그러나 개혁개방 이후 점차 이들
이 상품화됨에 따라 농민들도 도시에서 식량과 주택을 구
매할 수 있는 길이 열리게 되었다. 또한, 농촌 지역에서는

1984년까지 인민공사가 완전히 해체되면서 '농가생산책임제'가 도입되었다. 인민공사가 해체됨에 따라 조직에 구속됐던 농민의 신분은 자유로워지게 되었다. 또한 농가생산책임제를 실시함으로써 농민들은 토지에 대한 자율권을 회복하였다. 인민공사가 소유했던 토지는 가족 단위로 재분배되었고 정부가 정한 생산 의무만 지켜진다면 토지에 대한 사용권은 유지되었다. 따라서 가족구성원의 일부가 농업생산을 전담하고 일부는 농촌을 떠나 일거리를 찾는 것이 가능해졌다. 각 지방정부도 잉여 노동력 감소와 소득 증대라는 측면을 감안하여 농민들의 도시 이동을 허용하였다. 이로써 농촌은 잉여 노동력 문제를 해소할 수 있었고 도시도 값싼 노동력을 확보하게 되면서 국제시장에서 경쟁력을 확보할 수 있었다.

● 계획경제 시기 배급됐던 식량표에는 사용 지역이 표기되어 있었기 때문에 타 지역에서는 사용이 불가능했다. 하단의 식량표처럼 전국 통용이라고 표기된 것은 타 지역으로 출장을 가야 하는 사람들에게만 지급됐다.

매년 도시로 일자리를 찾아오는 농민의 수는 2억 6천만 명에 이른다. 그러나 중국에는 현재까지도 계획경제 시대의 산물인 호구제도가 존재한다. 호구제도에 따라 농민공은 여전히 농촌주민으로 분류되고 있다. 농민공들이 사회적으로 차별을 받는 것도 바로 이 호구제도에 기인한다. 호구제도는 인구 이동을 억제하는 역할도 했지만 직장, 의료, 교육,

사회복지 등을 제공하는 사회·경제제도이기도 했다. 개혁
개방 이전부터 호구제도에 따른 대부분의 복지 혜택은 도시
주민에게 집중되어 있었다.

반면 농촌주민은 이러한 혜택의 대부분을 누리지 못했
다. 개혁개방 이후에도 크게 달라진 것은 없었다. 호구제도
는 여전히 도시주민에게 유리하게 작용하고 있고 농촌주민
은 차별당하고 있다. 또한 호구세도의 득성상 호구시를 이
탈하는 것은 자신이 받아야할 복지 혜택의 일부를 포기해야
함을 의미한다. 예를 들어 A라는 지역의 주민들은 A라는
지역 내에서만 의무교육을 받을 수 있다. 만약 B라는 지역
으로 이주를 했다면 의무교육을 받을 권리를 상실한다. 호
구제도가 분권관리分權管理 체제로 운영되기 때문에 발생하
는 문제다.

호구제도라는 인위적인 제도적 장치는 도시와 농촌을
양분화하며, 중국 국민을 '농촌 호구'와 '비농촌 호구'로 나
누는 이원二元제도의 장벽은 농촌 호구자에게 불합리하게
작용한다. 특히 농민공은 '저低임금, 무無사회보장, 무無호
구' 등 제도권 밖에 속해 있어 이들의 도시 주변화marginality
문제가 심각하다.

도시의 신흥 빈곤층

농민공이 중국의 경제 발전 및 현대화 건설을 이끌어 온

새로운 핵심 집단이란 점에는 이의가 없지만, 현재 대부분
의 농민공은 도시 빈민층 신분에서 크게 벗어나지 못하고
있다. 오랜 시간이 지났음에도 농민공이 도시시민으로 성장
하지 못한 이유는 앞서 설명한 대로 호구제도의 폐단 때문
이다. 현대 사회에서 호구제도는 도시주민의 권리를 보호하
는 수단으로 작용하는 반면 농촌 호구자에게는 지역 간, 계
층 간 경제 격차를 초래하는 장애로 작용하고 있다. 호구제
도에 의해 농민공은 사회경제적 기회에 접근하거나 사회복
지와 같은 제도권에 접근할 기회를 박탈당한다. 농민공들이
아직까지 낮은 소득계층에 머무를 수밖에 없는 원인은 90년
대 시작된 국유기업 개혁 때부터다. 90년대에 시작된 국유
기업 개혁은 그 과정에서 대량의 해고자下崗; 샤강들을 양산할
수밖에 없었고 지방정부가 일정 기간 안에 퇴직자들의 재취
업을 책임져야 했었다.[2] 이러한 상황에서 지방정부는 농민
공으로부터 도시 퇴직자들의 일자리를 보호하기 위한 각종
규제들을 남발하기 시작했다.

베이징을 예로 들어보면 1996년 베이징시는 고용자측이
외지 노동자들을 고용할 때 인원수 제한과 심사를 강화하도

---

2 국유기업과 집체기업 개혁이 본격화된 90년대에 등장한 독특한 해고 방식이
다. 국유기업과 집체기업의 정규직 근로자(농촌의 임시 계약직 불포함) 중에 경
영상의 이유로 정리 해고를 당한 근로자를 샤강직공이라 한다. 그러나 기업과
의 근로자 계약이 완전 무효화된 것은 아니었다. 기업은 샤강직공과의 계약을
유지한 상태에서 다른 기업으로 재취업되는 것을 기다려야 했다. 기업은 샤강
직공이 재취업에 성공 할 때까지 급여의 60~70% 가량을 매달 지급했다. 샤강
직공은 기업의 재취업서비스센터에서 최장 3년간 기본 생활비와 사회보험료
를 대신해서 납부 받으며 재취업의 기회를 가졌다.

록 지시했다. 업종과 직무에 대한 규제는 1996년 총 15종에
서부터 점차 증가해 1998년에는 36종, 2000년에는 103종까
지 확대되었다. 이러한 규제는 베이징뿐만이 아니라 농민공
들이 가장 많이 집중한 동부 연해 지역도 마찬가지였다. 규
제된 업종과 직무 이외의 일자리는 도시 노동자들이 기피
하는 3D 업종에 국한되어 있었기 때문에 농민공들은 근무
환경이 열악하고, 소득이 낮은 업종에만 취업힐 수 있있다.
국유기업 실직자들이 지방정부의 관할 아래 안정적으로 재
취업에 성공한 반면, 농민공들은 비규범적인 노동시장에서
임시직에 취업할 수밖에 없었던 것이다.

　이러한 기회권 상실로 인해 도시 호구와 농촌 호구 사이
에 경제적 격차가 발생하게 되었다. 농민공의 상당수는 도
시주민이 기피하는 3D 업종이나 자영업, 또는 일용직에 종
사할 수밖에 없으며, 도시 호구를 취득하지 않는 이상 도시
호구자들이 누리는 각종 사회복지제도 혜택을 누릴 수 없
다. 이 호구제도로 인해 도시주민을 위한 노동력 시장(정규
직 위주)과 여기서 배제된 농민공 노동력 시장(비정규직 위
주)이라는 '이중적 노동력 시장'이 형성된 것이다. 도시 노
동자와 농민공 사이에 존재하는 호구제도의 차이는 취업 직
종과 임금 등 고용 조건의 차이를 발생시켰다.

　2013년까지 도시 농민공의 노동계약서 체결율은 40%에
도 미치지 못한다. 그러나 도시 노동자의 대부분은(95%) 정
식 노동계약서를 체결하고 있어 산업재해나 실직으로 인한

위험에서 보호받을 수 있다. 도시 내에서 농민공은 주로 제조업, 서비스업, 건축업, 자영업 등 '비정규직'에 취업해 있는 반면, 도시주민의 대부분은 정규직에 취업하고 있다. 비정규직에 고용된 농민공들은 늘 실직 위험에 노출되어 있고 소득도 일정하지 않아 도시 빈민층으로 살아가고 있다. 이러한 취업 영역 및 고용 조건의 차이가 농민공의 빈곤화를 초래하는 원인인 것이다.

2011년 농민공 직업 분포도

(단위: %)

	2008년	2009년	2010년	2011년
제조업	37.2	36.1	36.7	36.0
건축업	13.8	15.2	16.1	17.7
운송업	6.4	6.8	6.9	6.6
소매업	9.0	10.0	10.0	10.1
요식업	5.5	6.0	6.0	5.3
서비스업	12.2	12.7	12.7	12.2

자료출처: 〈2011年農民工監測調査報告〉, 中國國家統計局, 2011年

2013년 전국 농민공의 월평균 소득은 2,609위안으로 2006년의 1,061위안보다 크게 증가했지만, 여전히 도시 근로자 소득의(5,793위안) 절반에도 미치지 못한다. 이는 동일 직종에 근무하는 도시 근로자들과의 비교에서도 큰 차이를 보이고 있다. 문제는 농민공들의 소득 수준이 전국 평균에도 미치지 못한다는 것이다. 2013년 중국통계국이 고지한 전국 평균 소득은 45,676위안으로 도시 근로자

(69,516위안)가 여전히 높지만, 농민공은 31,308위안에 불과해 농민공의 소득 수준은 도시 근로자뿐만 아니라 전국 평균에도 미치지 못하고 있다. 그럼에도 불구하고 농촌주민들이 도시로 몰려드는 이유는 도시에서의 소득격차보다 농촌과 도시 간의 소득격차가 더 크기 때문이다.

2013년 도시주민의 연평균 소득은 26,955위안, 농촌주민은 8,896위안으로 두 지역 산이 소득격차는 약 3배에 날한다. 그러나 도시주민이 소득 이외에 제공받는 각종 사회 복지 비용과 농촌주민이 스스로 지출해야 하는 사회 복지 비용, 그리고 농업생산 재투자비를 고려하면 두 지역 간의 소득은 최대 6배까지 차이가 난다. 이 같은 사실을 고려한다면 차라리 도시 저소득계층으로 살아가는 것

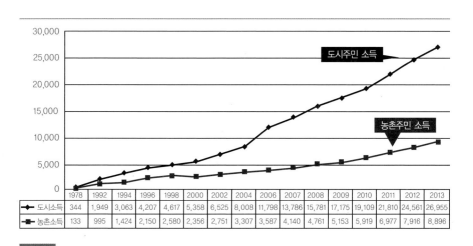

	1978	1992	1994	1996	1998	2000	2002	2004	2006	2007	2008	2009	2010	2011	2012	2013
도시소득	344	1,949	3,063	4,207	4,617	5,358	6,525	8,008	11,798	13,786	15,781	17,175	19,109	21,810	24,561	26,955
농촌소득	133	995	1,424	2,150	2,580	2,356	2,751	3,307	3,587	4,140	4,761	5,153	5,919	6,977	7,916	8,896

연도별 도시-농촌 간 소득격차 변화 과정

자료출처: 중국 국가통계국 각 연도별로 정리

이 농촌주민으로 남는 것보다 낫다고 판단하는 것이다.

소득과 직종에서의 격차가 이 두 집단의 거주 공간마저 갈라놓고 있다. 농민공의 거주 공간은 크게 두 가지 방식으로 나눠진다. 하나는 도시 외곽에 형성된 빈민촌이고 다른 하나는 고용업체에서 제공하는 기숙사 시설이다. 농민공의 약 50%가 기숙사 시설에 거주하고 있지만, 집을 얻어 거주하는 비율도 약 40%에 이른다. 농민공의 거주 공간이 빈민촌에 집중되는 이유는 간단하다. 정책상의 제한과 경제적인 문제 때문이다. 농민공은 도시 호구자가 아니기 때문에 도시에서 저렴하게 거주할 수 있는 공공주택公房의 사용권이나 소유권을 얻을 수 없다. 농민공에게도 개방되어 있는 분양주택商品房은 가격이 높아 농민공 소득으로 임대하거나 구매하기란 거의 불가능하다. 2007년 조사에서는 74.1%의 농민공이 1㎡당 3,000위안 이내의 가격이라면 주택을 구입할 의향이 있다고 했지만, 중국 주요 도시에서 1㎡당 3,000위안 이내로 구입할 수 있는 주택은 거의 전무하다. 도시 중심의 월세도 1,500~3000위안이 넘기 때문에 농민공의 소득으로는 거주하기가 어렵다. 높은 주택 가격과 방세가 농민공이 도시에서 장기적이고 안정적으로 생활하는 데 걸림돌이 되고 있다.

농민공의 도시 융합 ───────────

농민공이 도시에 융합하는 것이 도시시민으로 발전하기 위한 한 과정이라고 본다면 이를 총 3가지 융합으로 설명할 수 있다. 첫째, 경제적인 융합. 둘째, 사회적인 융합. 셋째, 심리적인 융합. 그러나 현재 대부분의 농민공은 이 세 가지 융합 중 어느 하나에도 해당되지 못하고 있다. 그렇다면 농민공들은 왜 도시주민과 융합되지 못하고 있는가? 여기에는 몇 가지 원인이 있겠지만, 가장 큰 문제는 경제적 빈곤과 이로 야기되는 이질감이다.

경제적인 차이와 문화적인 차이에서 야기되는 이질감은 농민공이 도시민과 쉽게 융화되지 못하는 원인 중 하나다. 앞서 설명했듯이 농민공의 소득 수준은 도시민에 비해 매우 낮다고 볼 수 있다. 낮은 소득으로 인해 농민공들은 경제적으로 어려움을 겪고 있으며, 이는 거주 공간의 고립을 유발시키고 있다. 농민공들이 거주하는 지역은 대부분이 도시 외곽의 빈민촌이나 고용업체에서 제공하는 기숙사 시설이다. 도시 외곽의 빈민촌과 기숙사에는 비슷한 사회적 위치의 농민공들이 모여 살고 있기 때문에 도시주민과 교류할 수 있는 기회는 극히 드물다. 농민공들은 생활방식이나 가치관, 사회교류에 있어 도시주민과는 분리된 채 독자적인 공간에서만 생활하고 있다. 생활환경의 고립화는 농민공의 도시 융합을 가로막는 장애물이라고 할 수 있다.

농민공의 고립화는 이들의 사회적 연계망에서도 알 수 있다. 난징대학南京大學의 조사에서는 농민공의 80% 이상이 같은 지역 출신들끼리만 교류를 하고 있는 것으로 나타난다. 다른 조사에서도 금전적인 문제가 생겼을 때 "동향이나 친구(농민공)에게 부탁한다."가 가장 많은 63.3%로 나타났고, 어렵거나 곤란한 때 "난징의 동향 친구"에게 부탁하는 비율이 50.9%를 넘어 도시 내에서도 지역적 고립감이 매우 심각한 것으로 나타났다. 이로 볼 때 농민공들은 사회관계에 있어 동질감을 느낄 수 있는 동향 출신과의 교류를 선호하고 의지하는 것으로 판단된다. 비록 농민공들이 도시주민과 같은 '도시'라는 공간에 함께 있지만, 이 두 집단 간에는 보이지 않는 심리적인 장벽이 존재한다는 것을 알 수 있다.

● 도시 외각에 형성
되어 있는 빈민촌

이러한 심리적 장벽은 농민공뿐만 아니라 도시주민에게도 나타나고 있다. 대도시 시민들은 농민공이 도시의 부족한 노동력을 충원한다는 점은 인정하면서도 농민공으로 인해 도시 이미지가 저하되거나 공공질서가 혼란해진다고 생각한다. 농민공들은 도시주민들의 이러한 인식이 자신들을 무시하는 행위로 나타난다고 여긴다. 농민공의 45%는 도시주민에게 무시당하고 있다고 생각하고, 18%는 그 수준이 매우 심하다고 느끼고 있다. 전체의 63%가 도시주민들에게 무시당하고 있다고 느낀 것이다. 또한 2/3의 농민공들이 "도시인들과 친구가 되길 원치 않는다."거나 "감히 그러지 못한다."라고 답할 정도로 농민공은 도시주민들에게 심한 거리감을 느끼고 있다. 그러나 도시주민들은 전혀 다르게 생각하고 있는 것으로 나타난다. 83.5%의 도시주민들이 자신은 "농민공을 무시하지 않고 있다."고 답해 농민공들이 실제로 느끼는 것과는 대조적이다.

그렇다면 왜 이 두 집단은 서로에 대한 이해도가 다르게 나타나는 것인가? 이는 두 집단이 지니는 문화적인 차이와 사회적 배경에서 비롯되었다고 볼 수 있다. 도시주민과 농민공은 서로 융합되지 못한 상태에서 각기 다른 사회적 배경과 문화 속에서 생활하고 있다. 도시주민과 접촉할 수 없는 생활환경 속에서 농민공의 사회관계는 단편적일 수밖에 없으며, 사회 정체성은 모호해진다. 이로 인해 농민공의 주변화가 가속화되는 것이다. 농민공이 도시주민의 생활 속에 쉽게 흡수되지 못하는 것도 바로 이러한 심리적인 원인이 크다고 볼 수 있다.

농민공은 도시민이 될 수 있는가? ───────

70~80년대 한국의 경우에도 그랬지만, 도시로 유입된 농촌 노동력은 소득 구조의 전환을 겪으면서 점차 도시시민으로 정착하는 과정을 거친다. 중국도 개혁개방 이후 30년 넘게 농촌 노동력이 도시로 유입되면서 융합 과정을 거쳐야 했지만 이들은 여전히 '농민공'의 신분에서 크게 벗어나지 못하고 있다. 그 원인은 앞서 살펴본 것처럼 제도적인 장벽과 심리적인 문제를 꼽을 수 있다. 그렇다면 농민공이 건전한 도시시민으로 발전할 가능성은 없는 것일까? 이에 대해 중국 학계는 80~90년대에 출생한 신세대 농민공들에게 가능성을 열어놓고 있다.

신세대 농민공으로 분류되는 젊은 농민공들은 기성세대와는 달리 교육 수준이 높고 권리 의식이 강한 것이 특징이다. 최근 중국의 노동 파업을 주도하는 세력도 바로 이 신세대 농민공들이다. 16~30세 연령대의 신세대 농민공들은 이미 전체 농민공의 40% 이상을 차지할 만큼 주도적인 세력으로 성장해 나가고 있다. 이 신세대 농민공들이 도시시민으로의 성장 가능성이 높은 이유는 기존 세대와는 달리 도시 잔류 의식이 강하기 때문이다.

● 신세대 농민공

2010년 전국총공회[3]에서 발표한 〈선전시 신세대 농민공 생활 현황 보고深圳新生農民工生存狀況調査報告〉에서는 30.5%가 장래에 "고향 근교의 도시로 일자리를 찾아가겠다."고 답했으며, 8.9%는 "주장 삼각주珠江三角洲나 다른 지방에", 2.2%는 "창장 삼각주長江三角洲나 다른 도시에서"라고 답한 반면, 단 1.4%만이 "농촌으로 돌아가 농사일을 하겠다."고 답했다. 이러한 조사 결과가 나온 것은 신세대 농민공들의 성장 배경과도 연관이 있다. 신세대 농민공 대부분은 도시에서 출생했거나 농촌에서의 성장 기간이 짧다. 농사 경험이 있는 신세대 농민공은 전체의 14.6%에 불과해 이전 세대와 큰 차이를 보인다. 신세대 농민공은 전통적인 농민공과는 달리 신분상으로는 농민이지만, 의식적으로는 도시 노

---

3 1925년에 설립된 전국 노동자 조합을 말한다. 중화전국총공회(中華全國總工會) 산하에는 각 지역별 지부가 있다. 중국 내 기업과 사업 단위의 화이트칼라와 블루칼라 계층을 포함한다. 총공회를 노동자조합으로 해석하지만, 노동자의 이익을 대변하는 노동자조합과는 성향이 다르다. 실제로는 정부와 밀접한 관계를 맺고 있는 친정부, 친기업 성향의 노동조합이다.

동자라는 사고를 가지고 있다. 90년대생 농민공들은 기성세대의 1/5에 불과한 11.3%만이 자신을 '농민'이라고 여기고 있다. 또한 장기적인 도시 체류로 인해 농촌보다는 도시 생활을 더 친숙하게 여긴다. 선전에 거주하는 신세대 농민공의 절반 가까이가(43.8%) 선전에 체류하는 것에 매우 큰 만족감을 가지고 있으며, 가능한 한 오랜 기간 머무를 계획을 가지고 있었다. 비록 호구제도라는 제도적 장벽에 의해 도시를 떠나야 하지만 여건만 된다면 도시에 잔류하고 싶어 하는 것이다. 기성세대 농민공들이 단순히 '돈을 벌기 위해' 도시로 이동해왔다면 신세대 농민공들은 자신의 미래 발전을 위해 도시로 진출하는 경향이 높다.

이러한 결과로 볼 때 신세대 농민공은 조건만 형성된다면 도시에 정착할 가능성이 높다고 판단할 수 있다. 신세대 농민공이 도시시민으로 성장할 가능성은 곳곳에서도 감지되고 있다. 최근에는 저임금에 기반을 둔 노동집약적 산업이 서서히 종식되고 있으며, 내수 진작을 위한 신흥 소비 영역 확대에 중국 정부가 주력하고 있기 때문이다. 농민공들의 임금 인상 파업에 중국 정부가 침묵을 지킨 것도 내수 확대를 통한 안정적인 경제성장을 핵심 과제로 인식하고 있기 때문이다. 내수 진작을 통해 일자리 창출과 연 8%대의 성장이 가능하다면 농민공들의 단체 행동이 정부의 정책에 부합한다고 판단한 것이다. 중국이 WTO에 가입한 2001년부터 베이징 올림픽이 열린 2008년까지 노동자의 연평균 임금은 148% 올랐으나 수출은 436%나 증가했다. 그러나 수출에서 차지하는 임금 비중은 1990년 3.65%에서 2008년 0.81%로 낮아졌기 때문에 임금 인상 요구에 대해 긍정적인 반응을 이끌어 낸 것이다.

2013년 출범한 시진핑 지도부도 농민공 문제 해결에 관한 의지를 표명하고 있다. 리커창李克强 총리는 "도시에 장기간 거주하고 고정적인 일을 하는 농민공을 점차 도시의 '신시민'으로 융합해야 한다."며 농민공 문제를 해결하기 위한 각종 방안을 도입하겠다고 했다. 이에 중국국무원은 2014년 7월 30일 도시와 농촌 간에 통일된 호구등기제도를 건립할 것을 제안하는 〈호구제도개혁에 관한 의견〉을 발표했다. 이 제도는 사실상 약 50년간 실시해온 농업 호구와 비농업 호구의 구분을 폐지하는 방안으로 볼 수 있다. 이 방안에는 농민의 3권(토지경작권, 택지 사용권, 용익물권) 내용도 포함되어 있어 권리를 박탈당할 것을 우려해 도시에 정착하지 못하는 농민공의 고민도 고려하고 있다. 만약 제도가 정착된다면 취업, 임금, 의료, 주택, 교육 등 각종 사회적 혜택에서 차별받아온 농민공들의 처우가 개선될 것이다. 아직까지는 중소도시를 대상으로 적용하는 것을 골자로 하고 있지만, 이 제도가 시행되면 2020년까지 약 1억의 농촌인구가 혜택을 받으리라 예상한다. 농민공이 도시 호구로 전환된다면 도시시민과 동일한 임금과 사회보장 서비스를 적용받을 수 있기에 자연스럽게 도시민과 융합될 수 있을 것이다.

농민의 또 다른 초상 철새 걸인 ─────

매년 겨울철이 되면 중국 도시에서는 눈에 띄는 변화가 생긴다. 그것은 평상시와 다르게 걸인의 수가 크게 증가 한다는 것이다. 걸인이란, 본래 재해나 사업 실패 또는 신체 장애 등으로 인해 부득이하게 구걸을 생계 수단으로 삼는 사람들을 일컫는다. 그러나 중국의 일부 가난한 농민들은 생계를 위해 자발적으로 걸인이 되기도 한다. 이들이 전체 도시 걸인의 상당수를 차지한다는 점에서 그 이유가 주목된다. 겨울철에 걸인들이 가장 많이 집중되는 곳은 베이징과 상하이 등 경제적으로 부유한 도시 지역이다. 이 두 도시로 몰려드는 걸인의 상당수는 안후이安徽나 허난河南과 같이 가난한 농촌 지역 출신이다. 이 두 지역 출신만 하더라도 전체의 60%에 이른다. 베이징의 경우 현지 출신 걸인들은 전체의 6.30%밖에 되지 않는다. 베이징 걸인의 대부분은 주변의 가난한 지역인 허난(28.99%)과 산둥(17.23%), 안후이(14.71%), 허베이(7.56%) 지역 출신이다. 상하이도 현지 출신은 5.29%에 불과하다. 나머지는 안후이(42.33%), 장쑤(26.98%), 허난(11.11%), 산둥(5.29%) 등 지역에서 온 농민들이다.

그렇다면 왜 걸인의 수가 겨울철에만 증가하는 것일까? 개혁개방 이후 중국의 농촌도 비약적으로 발전하고 있지

만 아직까지 낙후한 농촌 지역이 많다. 농업 발전에 한계
가 있는 산간 오지의 농민들은 추수가 끝나면 봄이 오기까
지 일감이 없어 손을 놀릴 수밖에 없는 것이 현실이다. 지
역이 낙후해 일자리가 없거나 노동시장에서 배척당하는 고
령의 가난한 농민들이 생각해 낸 방법이 바로 구걸이었다.
구걸은 자본금도 들지 않고, 현금을 수입원으로 하니 매우
효과적인 수단이었다. 수치심이 문제가 될 수 있겠지만, 하
루 평균 40~100위안의 적선은 고향에서 농사를 지을 때의
소득보다도 높았다. 농업이 유일한 생계 수단이었던 가난
한 농민들에게 구걸은 일종의 농외 소득인 셈이었다. 하지
만 아무리 벌이가 괜찮다고 해도 전문적으로 구걸에 나설
수도 없다. 농사를 짓지 않거나 호구지를 오랫동안 떠나 있
으면 토지와 주택을 반납해야 하기 때문이다. 그래서 일부

● 도시 걸인의 상당수는 노동 능력이 약한 노인이나 장애인들이다.
　이들 중 상당수는 농촌에서 온 사람들이다.

농민들은 일감이 없는 겨울철에만 도시로 상경해 구걸을 하
는데, 일종의 계절성 아르바이트인 셈이다. 돈벌이가 괜찮
다는 소문이 나다보니 심지어는 추수가 끝나면 마을 이장
이 동네 주민들을 이끌고 상경하기도 한다. 가족들과 함께
올라와 겨울 내내 도시에 머물며 구걸을 하는데, 봄이 되면
다시 고향으로 내려와 농사일을 시작한다. 고향의 재산을
지키면서 추가 소득도 올릴 수 있으니 가히 효과적인 발상
이었다고 할 수 있었다.

　철새 걸인들이 증가하게 된 배경은 도시와 농촌 간의 소
득격차에 있다. 앞서 설명한 것처럼 중국의 도-농 간 소득
격차는 3~6배로 추정한다. 더욱이 가난한 산간오지의 소득
현실은 더욱 비참하다. 안후이 성의 예를 들어보자. 2012년
안후이 성 농민의 일인당 GDP는 7,160위안이었다. 반면 베
이징의 농민들은 16,475위안의 소득을 올려 안후이 농민과
2배 이상의 격차를 보였다. 이를 안후이의 척박한 농촌 지
역의 소득과 베이징 도시시민의 소득을 비교한다면 격차는
더 벌어질 수밖에 없다. 고향을 등질 수도 없고 도시에서
취업하기도 어려웠던 농민들이 왜 철새 걸인을 선택했는지
이해할 수 있는 배경이다.

2012년 지역별 농촌주민 소득과 농촌 인구 비중

(단위: 元, %)

지역	일인당 소득	농촌인 구비율	지역	일인당 소득	농촌인 구비율	지역	일인당 소득	농촌인 구비율
동부			중부			서부		
베이징	16,475	13.8	허난	7,524	57.5	충칭	7,383	43.0
톈진	14,025	18.4	산시	6,356	48.7	쓰촨	7,001	56.4
상하이	17,803	10.7	후베이	7,851	46.5	구이저우	4,753	63.6
저장	14,551	36.8	후난	7,440	53.3	윈난	5,416	60.6
장쑤	12,201	37.0	안후이	7,160	53.5	네이멍구	7,611	42.2
광둥	10,542	32.6	장시	7,829	52.5	광시	6,007	56.4
푸젠	9,967	40.4				시짱	5,719	77.2
헤이룽장	8,603	43.1				산시	5,762	50.0
랴오닝	9,383	34.3				간쑤	4,506	61.2
허베이	8,081	53.2				칭하이	5,364	52.5
하이난	7,408	48.4				닝샤	6,180	49.3
지린	8,598	46.3				신장	6,393	56.0
산둥	9,446	47.5						
평균	11,314	35.7	평균	7,360	52.0	평균	6,007	55.7

자료출처: 중국통계국(http://www.stats.gov.cn/tjsj/ndsj/2013/indexch.htm)에서 발췌하여 정리함.

이러한 계절성 걸인이 증가한 것은 2003년 〈도시부랑자와 걸인의 강제 송환법城市流浪乞討人員收容遣送辦法〉이 폐지되면서부터다. 이 법이 인권침해의 소지가 있다는 위헌 신청이 받아들여지면서 부랑자와 걸인을 강제 수용하고 송환하던 법은 폐지되었다. 법이 폐지되면서 걸인을 강제적으로 돌려보낼 근거도 사라졌다. 이후 〈도시유랑자와 걸인의 구호관리법城市生活無著的流浪乞討人員救助管理辦法〉으로 개정되었지만, '강제 송환'에서 '구호'로 전환되면서 도시 걸인 수가 급증하였다. 현재 중국 걸인 수는 약 100만 명으로 추산하고

● 걸인의 강제 송환 법이 폐지되면서 구제 관리소가 등 장하였다.

있다. 이는 전국 구호관리소에 접수된 110만 명을 근거로 추산한 수치다. 만약 이 수치를 근거로 농민 걸인을 추산한다 면 약 90만 명의 농민이 도시에서 구걸 하는 셈이다.

이처럼 점점 더 심화되는 도시와 농 촌 간의 소득격차는 농촌 취약계층의 빈 곤화를 악화시키는 문제로 대두하고 있 다. 중국 정부도 빈곤한 농민들을 위해 생활보조금을 지급하는 노력을 하고 있 지만, 근본적인 해결책은 아니다. 철새 걸인 문제 해결은 농민공 문제처럼 호구 제도 개선과는 또 다른 문제다. 이는 농촌 지역 발전과 사 회보장제도와 연관이 있기 때문이다. 앞으로 중국의 사회보 장제도가 개선되고 농촌 지역이 균등 발전한다면 도시를 떠 도는 농민의 수도 크게 줄일 수 있을 것이다. 중국 정부도 현재 당면하고 있는 문제들을 해결하기 위해 노력을 기울이 고 있으나 더 많은 노력과 함께 중국사회 전반의 관심과 애 정이 필요하다.

중국의 민낯

초판 1쇄 발행일 2015년 5월 14일
초판 2쇄 발행일 2015년 10월 26일

지은이 신동윤
펴낸이 박영희
편집 배정옥·유태선
디자인 김미령·박희경
마케팅 임자연
인쇄·제본 AP 프린팅
펴낸곳 도서출판 어문학사
　　　　서울특별시 도봉구 쌍문동 523-21 나너울 카운티 1층
　　　　대표전화: 02-998-0094/편집부1: 02-998-2267, 편집부2: 02-998-2269
　　　　홈페이지: www.amhbook.com
　　　　트위터: @with_amhbook
　　　　페이스북 페이지: http://www.facebook.com/amhbook
　　　　네이버 블로그: http://blog.naver.com/amhbook
　　　　다음 블로그: http://blog.daum.net/amhbook
　　　　e-mail: am@amhbook.com
　　　　등록: 2004년 4월 6일 제7-276호

ISBN 978-89-6184-371-3 03300
정가 16,000원

이 도서의 국립중앙도서관 출판예정도서목록(CIP)은 e-CIP홈페이지(http://www.nl.go.kr/cip)
와 국가자료공동목록시스템(http://www.nl.go.kr/kolisnet)에서 이용하실 수 있습니다.
(CIP제어번호: CIP2015011924)